Spannende Matheabenteuer

Mathe-Training für Klasse 3 und 4

**Jubiläums-Ausgabe
60 Jahre Mildenberger Verlag**

© 2008 Mildenberger Verlag GmbH, 77652 Offenburg
Internetadresse: www.mildenberger-verlag.de
E-Mail: info@mildenberger-verlag.de

Das Werk und seine Teile sind urheberrechtlich geschützt. Jede Nutzung in anderen als den gesetzlich zugelassenen Fällen bedarf der vorherigen schriftlichen Einwilligung des Verlages. Hinweis zu § 52a UrhG: Weder das Werk noch seine Teile dürfen ohne eine solche Einwilligung eingescannt und in ein Netzwerk eingestellt werden. Dies gilt auch für Intranets von Schulen und sonstigen Bildungseinrichtungen.

Bezugsmöglichkeiten
Alle Titel des Mildenberger Verlags erhalten Sie unter: www.mildenberger-verlag.de oder im Buchhandel. Jede Buchhandlung kann alle Titel direkt über den Mildenberger Verlag beziehen. Ausnahmen kann es bei Titeln mit Lösungen geben: Hinweise hierzu finden Sie in unserem aktuellen Gesamtprogramm.

Umschlaggestaltung: Ingrid Hecht, 30163 Hannover
Illustrationen: Assen Münning, 65824 Schwalbach / Judith Heusch, 79362 Forchheim / Elisabeth Lottermoser, 33378 Rheda-Wiedenbrück
Druck: VVA GmbH, Wesel Kommunikation, 76534 Baden-Baden
Gedruckt auf umweltfreundlichen Papieren

Vorwort

Mathematik ist die Basis der modernen Welt. Alle Wissenschaft und Technik bedient sich elementar der Mathematik. Ebenso unerlässlich ist sie aber auch für das tägliche Leben: bei Einkauf, Arbeit, Spiel oder Hobby – Zahlen begegnen uns überall.
Die Beherrschung der mathematischen Grundlagen ist deshalb von entscheidender Bedeutung. Diese Kompetenzen müssen die Kinder in der Grundschule erwerben. Hier entscheidet sich für viele Kinder schon der weitere Lebensweg. Gerade die Klassen 3 und 4 sind im Hinblick auf den Wechsel in die weiterführenden Schulen von großer Bedeutung.

Mathematik ist ein mächtiges Werkzeug. Um es benutzen und beherrschen zu können, braucht es wie für alle Fertigkeiten zwei Dinge: Übung und Begeisterung. Genau das bietet der Mildenberger Verlag den Kindern für Mathematik: die **Übungshefte für das tägliche 5-Minuten-Training** enthalten das notwendige Maß an Übung und Wiederholung, um die unabdingbaren Grundlagen möglichst effektiv in möglichst kurzer Zeit lernen zu können; Spaß am Lernen bringt der **Mathetiger**, der die Kinder auf ihrem Lernweg begleitet oder die Till-Aufgaben aus dem **Mathebuch**, die das kritische Denken schulen und besonders beliebt sind; **Sach-, Denk- und Textaufgaben** ermöglichen die konkrete Anwendung der erworbenen Kompetenzen.

Die Autoren und der Verlag sehen die fachliche Richtigkeit, die systematische Konzeption, die methodische Vielfalt und eine ansprechende und didaktisch begründete Gestaltung als gleichermaßen wichtig an für Materialien, die erfolgreich für das Lehren und Lernen eingesetzt werden.

Die spannenden Matheabenteuer sind ein Querschnitt aus den Mathematik-Materialien für die Klassen 3 und 4. Lehrerinnen und Lehrer können sich ein Bild über das Angebot machen. Eltern können mit ihren Kindern ergänzend zum Unterricht üben. Kinder können nach Lust und Laune knobeln, rechnen und immer wieder Neues entdecken und lernen.

Mittelpunkt aller Übungsmaterialien ist immer noch das gedruckte Buch. Aber die neuen Medien sind längst eine sinnvolle und vor allem von den Kindern geschätzte Erweiterung. Der Mildenberger Verlag hat deshalb schon vor Jahren seine Lehrwerke „Das Mathebuch" und „Mathetiger" zu integrierten Lernumgebungen ausgebaut. D.h. neben dem Buch werden auch systematisch Lernsoftware und Übungen im Internet eingesetzt. Wie dieses Internetangebot aussieht, können Sie auf den entsprechenden Seiten selbst ausprobieren.

Noch mehr Übungen finden Sie unter: www.mathe-im-netz.de – die kostenlose Online-Aufgaben-Plattform zu allen Themen der Mathematik in der Grundschule, mit einem Forum für Ihre Fragen.

Im Internet unter www.mildenberger-verlag.de/spannende-matheabenteuer finden Sie außerdem alle Lösungen sowie die Beilagen für die Seiten 21 und 82 kostenlos zum Download.

Viel Spaß mit den spannenden Matheabenteuern!

Inhalt

- Spiele .... 4 – 7
- Rechnen bis 1 000 .... 8 – 16
- Rechnen bis 100 000 .... 17 – 22
- Rechnen bis 1 000 000 und mehr .... 23 – 27
- Rechentricks, Rechengesetze .... 28 – 33
- Rechnen mit Längen .... 34 – 41
- Rechnen mit Zeit .... 42 – 47
- Sachrechnen .... 48 – 57
- Geometrie .... 58 – 67
- Zahl und Schriftsysteme .... 68 – 71
- Berühmte Mathematiker .... 72 – 73
- Dinosaurier .... 74 – 75
- Gesund sein durch Sport .... 76 – 77
- Knobeln .... 78 – 87
- Kopfrechnen .... 88 – 96

Symbole Mathebuch

 „Goldene Nummern"
Schwierigere oder weiterführende Aufgaben

 „Lorbeerkranz-Nummern"
Knobelaufgaben für kleine Mathematiker, die sich gern an schwierige Aufgaben wagen

 „Till-Aufgaben"
Achtung! Auf diesen Seiten musst du besonders aufpassen. Till, der Schelm, hat Aufgaben eingeschmuggelt, die Fehler enthalten, unlösbar oder einfach merkwürdig sind.
Verändere diese Aufgaben so, dass sie sinnvoll und lösbar werden.

Zu diesen Seiten findest du im Internet zusätzliche Programme und Internetlinks unter:
www.das-mathebuch-3.de/3502-40/
www.das-mathebuch-4.de/4502-40/

 Hier findest du weitere passende Aufgaben, die du lösen kannst.

 Hier findest du Aufgaben, die du für andere Schüler erstellen kannst.

 Hier findest du Links, die zu interessanten Informationen zum Thema der Seite führen.

Symbole Mathetiger

 Beim **Mathetiger** darfst du selbst Aufgaben erfinden.

 Beim **Königstiger** werden die Aufgaben etwas schwieriger.

 Bei diesen Aufgaben werden Grundfertigkeiten wiederholt und vertieft.

Zu diesen Seiten findest du im **Internet** zusätzliche Programme und Internetlinks unter:
www.mathetiger-3.de
www.mathetiger-4.de

 Hier findest du weitere passende Aufgaben, die du lösen kannst.

 Hier findest du Aufgaben, die du für andere Schüler erstellen kannst.

 Hier findest du interessante Links zum Sachthema dieser Seite.

Alle Lösungen und die Beilagen kostenlos im Internet zum Download unter:
www.mildenberger-verlag.de/spannende-matheabenteuer

Im Einmaleins-Dschungel

Über den Fluss – Eigenschaften von Zahlen

Würfelspiel für 2 bis 4 Spieler
Spielregel: Würfelt mit 3 Würfeln. Rechnet mit beliebigen Rechenarten. Wer keinen Weg gehen kann, muss zum Start zurück.
Beispiel: 6 · 4 − 2 = 22

Wer schafft es hinauf zur 1 000?

Mein Weg durch die Grundschule

Würfelspiel für 2 – 4 Spieler

Würfelt und geht die Felder von Klasse 1 (Start) nach Klasse 4 (Ziel).

Grüne Felder: Ein Partner stellt dir eine 1x1-Aufgabe. Löst du sie richtig, darfst du stehen bleiben, ansonsten musst du 3 Felder zurück.

Blaue Felder: Dividiere die Zahl, auf der du stehst, durch deine Würfelzahl. Hast du richtig gerechnet, darfst du um den Rest deines Ergebnisses weitergehen. Bei Rest 0 bleibst du stehen.

Rote Felder: Gehe zum nächsten grauen Feld zurück.

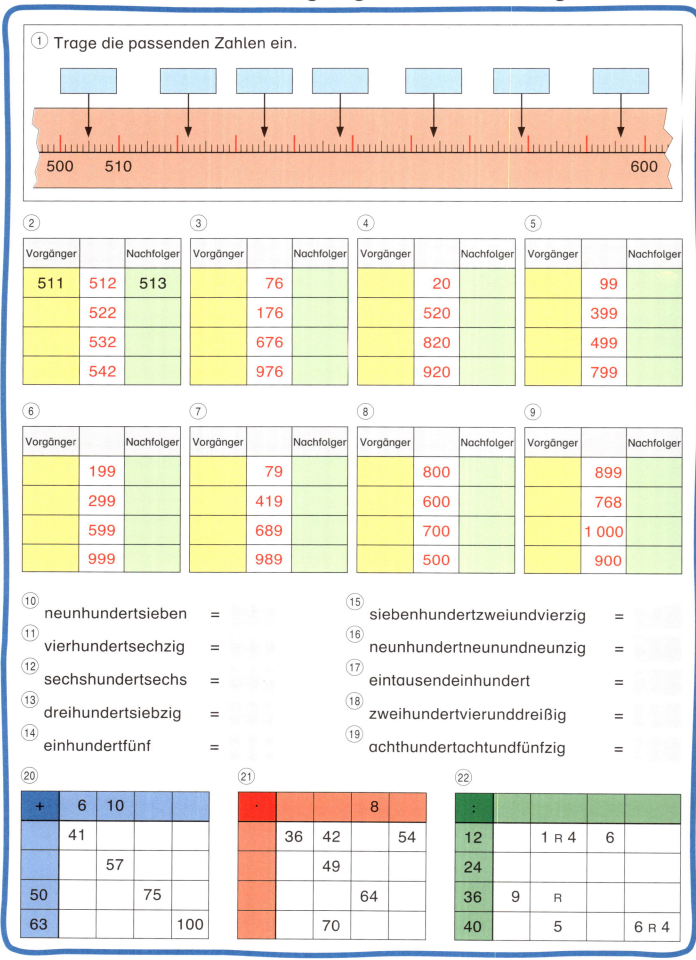

Nachbarzehner, Nachbarhunderter

Rechne zu den Nachbarzehnern.

①
253 − ___ = 250
253 + ___ = 260

767 − ___ = 760
767 + ___ = 770

115 + ___ = 120
115 − ___ = 110

②
321 − ___ = ___
321 + ___ = ___

840 − ___ = ___
840 + ___ = ___

499 − ___ = ___
499 + ___ = ___

③
634 ___
634 ___

395 ___
395 ___

811 ___
811 ___

Rechne zu den Nachbarhundertern.

④
250 + ___ = 300
250 − ___ = 200

840 + ___ = 900
840 − ___ = 800

920 + ___ = 1000
920 − ___ = 900

⑤
490 ___
490 ___

630 ___
630 ___

760 ___
760 ___

⑥
110 ___
110 ___

490 ___
490 ___

870 ___
870 ___

⑦

+		21		
37	52		83	
		70		98
		21		

⑧

−			53	61
		40	32	
	31			0
		54		

⑨

·	7		4	
	35	15		
			36	72
		21		

Setze die Zahlenfolgen fort.

⑩ 700, 695, 690

⑪ 350, 360, 370

⑫ 660, 657, 654

⑬ 885, 887, 889

⑭ 970, 960, 950

⑮ 520, 516, 512

Klasse 3: ISBN 978-3-619-35276-C, Seite 9

Zahlen bis 1 000 unterschiedlich darstellen

Welche Zahlen sind dargestellt?

① _____ ③ _____
② _____ ④ _____

⑤ Wie heißen die Zahlen?

2 H 4 Z 3 E = _____
5 H 7 Z 4 E = _____
8 H   9 E = _____
7 H 4 Z   = _____
      6 Z 1 E = _____

⑥ Verbinde.

| 5E 3H 4Z | 2Z 1H 4E | 6H 2E | 6Z 3H 4E | 1E 2Z 4H |

602   345   124   421   364

⑦ Ergänze.

H	Z	E
5	2	7
	5	8

= 5 H + 2 Z + 7 E = 500 + 20 + 7 = 527
= 8 H + 4 Z + 3 E = _____ = _____
= _____ = 600 + 50 + 4 = _____
= _____ = _____ = _____
= _____ = _____ = 309

⑧ Trage die fehlenden Zahlen ein.

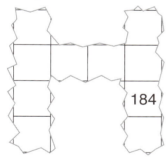
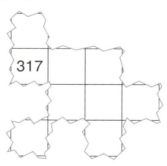
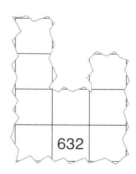
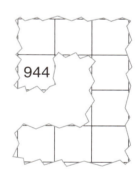

184   317   632   944

⑨
234 + 8 = _____
345 + 7 = _____
456 + 6 = _____
567 + 5 = _____
678 + 9 = _____
789 + 4 = _____

⑩
198 − 9 = _____
987 − 5 = _____
876 − 8 = _____
765 − 6 = _____
654 − 7 = _____
543 − 4 = _____

⑪
128 + 70 = _____
217 + 60 = _____
376 + 20 = _____
465 + 30 = _____
554 + 40 = _____
643 + 10 = _____

⑫
123 − 10 = _____
234 − 20 = _____
345 − 30 = _____
456 − 50 = _____
567 − 60 = _____
678 − 40 = _____

⑬
4 + 787 = _____
6 + 348 = _____
3 + 279 = _____
7 + 489 = _____
2 + 698 = _____
8 + 986 = _____

Klasse 3: ISBN 978-3-619-35366-8, Seite 18 und 23

Kopfrechnen bis 1 000

① ___ + 3 = 721   ③ ___ − 30 = 760   ⑤ ___ · 5 = 35   ⑦ ___ : 7 = 7
  ___ + 42 = 502   ___ − 65 = 835   ___ · 3 = 39   ___ : 8 = 5
  ___ + 99 = 349   ___ − 157 = 213   ___ · 9 = 81   ___ : 6 = 11
  ___ + 280 = 685   ___ − 235 = 565   ___ · 7 = 42   ___ : 3 = 12
  ___ + 754 = 964   ___ − 379 = 321   ___ · 5 = 60   ___ : 2 = 14

② ___ + 7 = 532   ④ ___ − 92 = 908   ⑥ ___ · 7 = 56   ⑧ ___ : 9 = 8
  ___ + 19 = 83   ___ − 172 = 628   ___ · 6 = 60   ___ : 8 = 7
  ___ + 88 = 160   ___ − 724 = 176   ___ · 4 = 44   ___ : 4 = 13
  ___ + 130 = 298   ___ − 390 = 97   ___ · 11 = 77   ___ : 7 = 15
  ___ + 261 = 429   ___ − 220 = 782   ___ · 12 = 144   ___ : 5 = 20

Setze ein: <, >, =.

⑨ 5 · 9 ◯ 15 · 4   ⑩ 60 : 5 ◯ 3 · 4   ⑪ 600 : 5 ◯ 30 · 4
  7 · 11 ◯ 13 · 5   12 · 12 ◯ 300 : 5   120 · 12 ◯ 300 : 30
  48 : 8 ◯ 49 : 7   162 : 2 ◯ 9 · 8   1 620 : 2 ◯ 90 · 8

Finde die Regel und setze fort.

⑫   ⑬   ⑭   ⑮   ⑯
4 · 7 + 1 = ___   10 · 8 − 9 = ___   6 · 2 + 15 = ___   0 · 4 + 3 = ___   5 · 2 − 10 = ___
5 · 7 + 2 = ___   9 · 8 − 8 = ___   6 · 4 + 13 = ___   3 · 4 + 6 = ___   10 · 2 − 15 = ___
6 · 7 + 3 = ___   8 · 8 − 7 = ___   6 · 6 + 11 = ___   6 · 4 + 9 = ___   15 · 2 − 20 = ___

___   ___   ___   ___   ___
___   ___   ___   ___   ___
___   ___   ___   ___   ___

⑰ Ich denke mir einen Körper. Er hat zwei Kreise und ein Rechteck als Flächen. Es ist _____.

⑱ Ich denke mir einen Körper. Er hat sechs Flächen, die nicht alle gleich groß sind. Es ist _____.

⑲ Ich denke mir einen Körper. Zu ihm gibt es kein Netz. Es ist _____.

⑳ Hier siehst du Baupläne von Körpern. Sie geben an, wie viele Würfel auf einem Feld gestapelt sind. Aus wie vielen Würfeln besteht jeder Körper?

| 4 4 4 3 | | 2 3 4 5 | | 6 6 6 6 | | 3 4 5 4 3 |
| 4 3 3 2 | | 0 1 4 4 | | 5 5 4 5 5 | | 2 3 5 3 2 |
| 4 3 2 1 | ___ Würfel | 2 3 2 | ___ Würfel | 2 2 2 2 | ___ Würfel | 1 2 3 2 1 | ___ Würfel
| 3 2 1 1 | | 1 0 1 | | 1 1 1 1 | | 0 1 3 1 0 |

Klasse 4: ISBN 978-3-619-45366-5, Seite 7 und 14   11

Kopfrechnen mit allen Rechenarten

①
·	3	5	8	4
2				
6				
7				
9				

② 58 : 8 = ___R___   7 · 8 = _____
34 : 4 = ___R___   _____
49 : 5 = ___R___   _____
20 : 3 = ___R___   _____
77 : 10 = ___R___   _____

③
0 · 6 = 0
1 · 6 = 6
2 · 6 = ____
____ · 6 =
____ · 6 =
____ · 6 =
____ · 6 =
____ · 6 =
____ · 6 =
____ · 6 =

④
4 · 6 = 24
____ · 6 = 48
____ · 6 = 12
____ · 6 = 30
____ · 6 = 6
____ · 6 = 18
____ · 6 = 36
____ · 6 = 42
____ · 6 = 60
____ · 6 = 54
____ · 6 = 0

⑤
42 : 6 = ____
24 : 6 = ____
54 : 6 = ____
6 : 6 = ____
60 : 6 = ____
36 : 6 = ____
0 : 6 = ____
12 : 6 = ____
30 : 6 = ____
18 : 6 = ____
48 : 6 = ____

⑧ Dividiere 54 durch 6 und das Ergebnis durch 3.

⑨ Dividiere 48 durch 8. Multipliziere das Ergebnis mit 4 und dividiere dieses Ergebnis durch 3.

⑩ Multipliziere 6 mit 6. Dividiere das Ergebnis durch 9. Addiere dann 24. Dividiere dieses Ergebnis dann noch durch 7.

Lies genau und rechne dann.

⑪ Dividiere 81 durch 9, subtrahiere 4, multipliziere dann mit 10 und addiere zum Schluss 50.

⑫ 48 + 48 = ____
57 + 57 = ____
69 + 69 = ____
76 + 76 = ____

⑬ 92 − 37 = ____
83 − 54 = ____
75 − 46 = ____
65 − 29 = ____

⑭ 256 + 256 = ____
439 + 439 = ____
397 + 397 = ____
198 + 198 = ____

⑮ 307 − 296 = ____
502 − 489 = ____
404 − 377 = ____
601 − 510 = ____

Multiplizieren und dividieren mit Zehnerzahlen

①
·	4	40
3		
6		
5		
7		
4		
8		

②
·	6	60
10		
9		
4		
8		
6		
7		

③
·	3	30
5		
7		
8		
0		
9		
6		

④
·	9	90
3		
6		
4		
8		
1		
7		

⑤
·	8	80
5		
10		
4		
8		
3		
6		

⑥ 300 : 50 =   K: _____
450 : 50 =   K: _____
120 : 30 =   K: _____
240 : 30 =   K: _____
280 : 40 =   K: _____
160 : 40 =   K: _____

⑦ 270 : 90 =   K: _____
630 : 70 =   K: _____
480 : 80 =   K: _____
160 : 20 =   K: _____
360 : 60 =   K: _____
350 : 70 =   K: _____

⑧ ___ · 90 = 450
___ · 60 = 420
___ · 40 = 320
___ · 70 = 490
___ · 80 = 320
___ · 60 = 540

⑨
Anzahl der Pralinen	Anzahl der Packungen
40	2
80	
100	
	9
20	
	7

⑩
Anzahl der Puppen	Preis in €
1	
4	
	320,–
10	
5	200,–
7	

⑪
Anzahl der Bücher	Preis in €
10	
	100,–
8	
4	80,–
1	
3	

⑫
Anzahl der Eier	Anzahl der Schachteln
	2
60	
30	5
120	
	7
6	

⑬
Anzahl der Bälle	2	4	3	5	1
Preis in €	120,–				

⑭
Anzahl der Rohre	30	10	20	5	1
Länge in m	180				

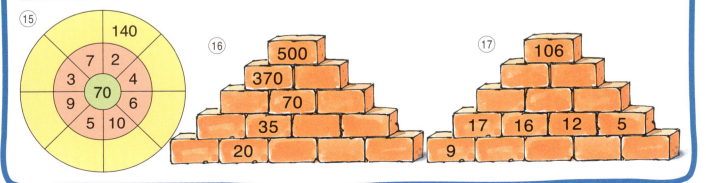

Klasse 3, ISBN 978-3-619-35276-0, Seite 19

Zahlen bis 1 000 – alle Rechenarten

①
·	4	40	7	70
6				
60				
600				
8				
80				
800				

②
:	4	40	3	30
24		✗		✗
240				
48		✗		✗
480				
60			✗	
600				

③ 264 + 291 + 121

④ 203 + 656 + 77

⑤ 25 + 118 + 365

⑥ 629 − 374

⑦ 813 − 569

⑧ 900 − 481

⑨ ☐ −33→ ☐ ·10→ ☐ −165→ ☐ ·5→ ☐ +20→ ☐ :3→ 15

⑩ Zahlenmauer: 1 000 / 340 / 210 / 55

⑪ Zahlenmauer: 800 / 270 / 140 / 80

⑫ Zahlenmauer: 500 / 185 / 195 / 45

⑬
9 : 3 = ____
90 : 3 = ____
90 : 30 = ____
900 : 3 = ____
900 : 30 = ____
900 : 300 = ____

⑭
8 : 2 = ____
80 : 20 = ____
80 : 2 = ____
800 : 20 = ____
800 : 2 = ____
800 : 200 = ____

⑮
10 : ____ = 2
100 : ____ = 2
100 : ____ = 20
1 000 : ____ = 200
1 000 : ____ = 20
1 000 : ____ = 2

⑯
12 : ____ = 3
120 : ____ = 30
120 : ____ = 3
1 200 : ____ = 30
1 200 : ____ = 3
1 200 : ____ = 300

⑰ Setze die Zahlen richtig ein. Verwende jede Zahl nur einmal: 236, 237, 238, 239, 474, 476.

____ − ____ = ____

____ + ____ = ____

⑱ Ich denke mir eine Zahl aus der 6er-Reihe. Wenn ich die Einer und Zehner vertausche, erhalte ich wieder eine Zahl aus der 6er-Reihe.

Die Zahl heißt: _____

⑲ Ich denke mir eine Zahl aus der 8er-Reihe. Wenn ich die Einerziffer und die Zehnerziffer addiere, erhalte ich 4.

Die Zahl heißt: _____

Zahlen bis 1 000 – Rechnen im Kopf

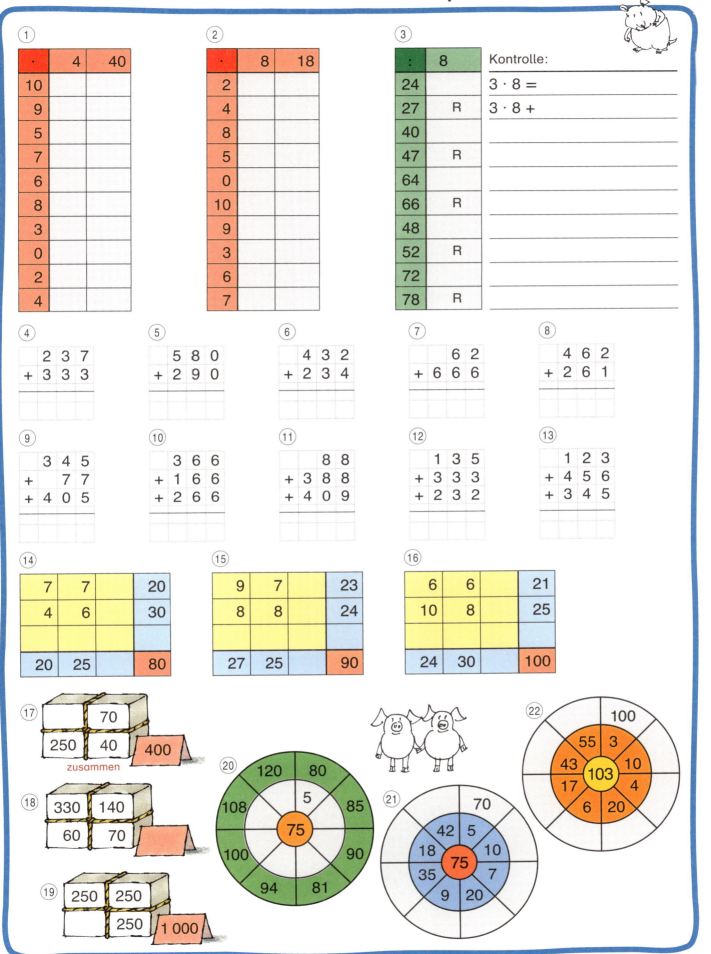

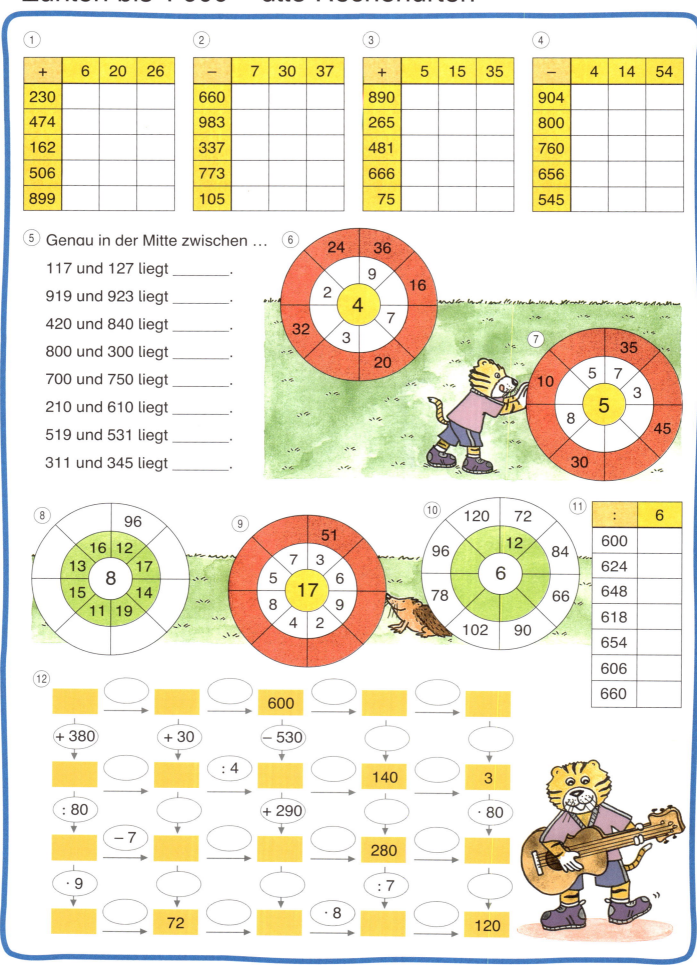

Zahlen bis 100 000 – Übungen am Zahlenstrahl

Übungen zu jedem Zahlenstrahl:

a) Zahlen aufschreiben, die bei den roten Punkten stehen müssten.
b) Zahlen aufschreiben, die bei den Büroklammern stehen müssten.

① Tausenderschritte

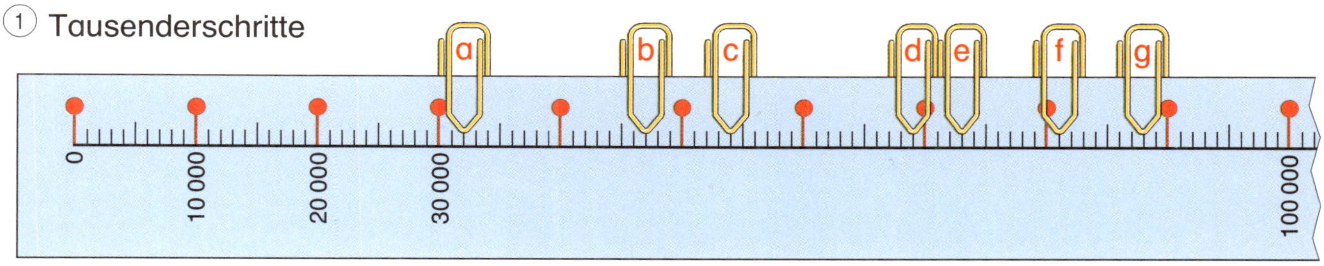

② Hunderterschritte

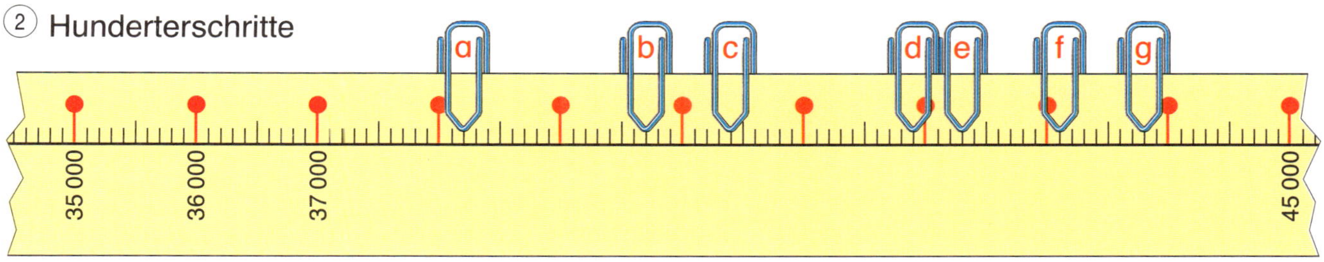

③ Zehnerschritte

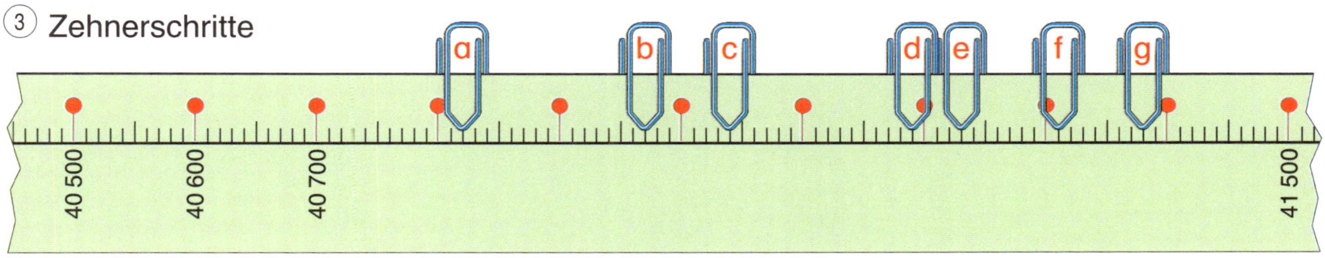

④ Einerschritte

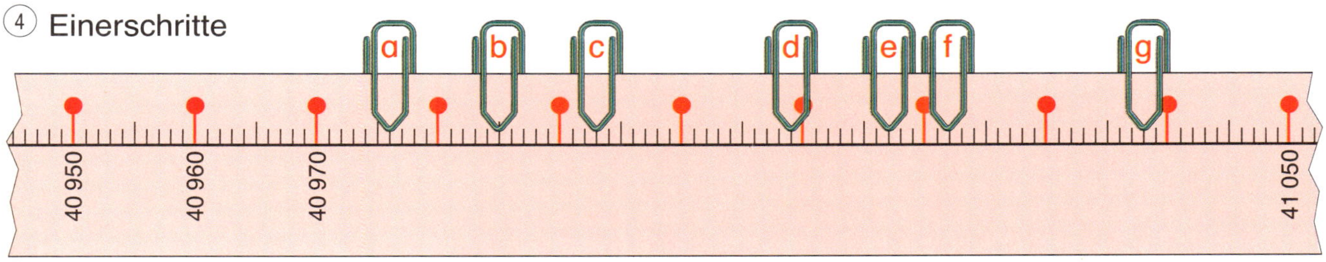

Ordne nach der Größe. Zeichen >

⑤ 26 917, 62 917, 26 719, 62 719, 26 179
⑥ 35 678, 36 785, 38 765, 35 876, 38 576
⑦ 93 469, 93 649, 93 946, 93 496, 93 964

Ordne nach der Größe. Zeichen <

⑧ 58 730, 50 873, 58 073, 58 703, 53 078
⑨ 66 066, 60 666, 66 606, 66 660, 66 666
⑩ 124 683, 142 683, 124 863, 124 386

Zahlen am Zahlenstrahl eintragen

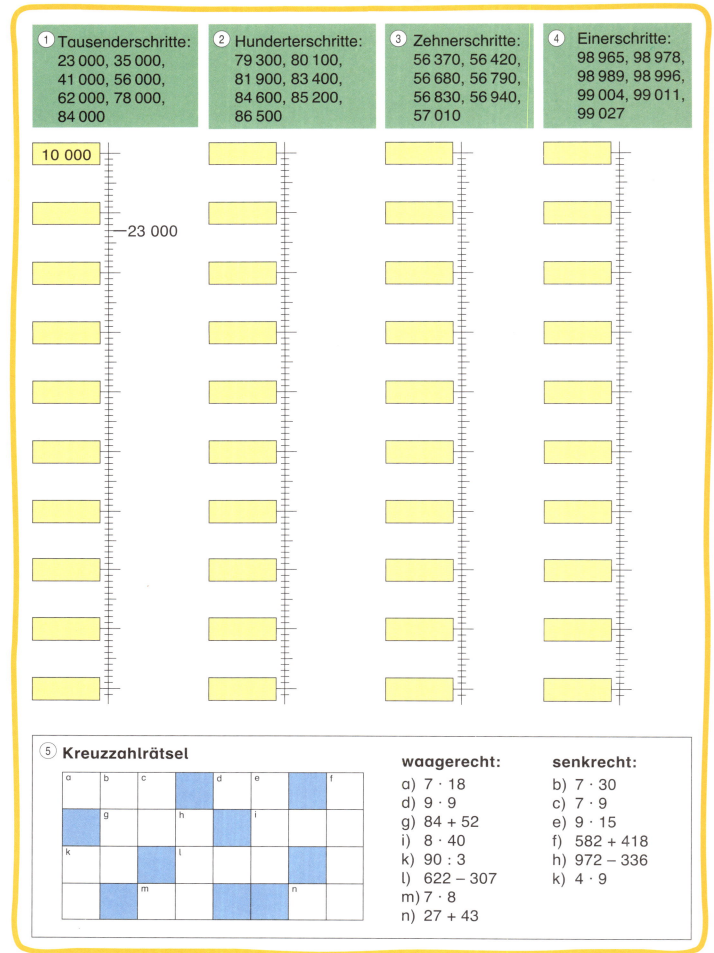

① Tausenderschritte: 23 000, 35 000, 41 000, 56 000, 62 000, 78 000, 84 000

② Hunderterschritte: 79 300, 80 100, 81 900, 83 400, 84 600, 85 200, 86 500

③ Zehnerschritte: 56 370, 56 420, 56 680, 56 790, 56 830, 56 940, 57 010

④ Einerschritte: 98 965, 98 978, 98 989, 98 996, 99 004, 99 011, 99 027

⑤ **Kreuzzahlrätsel**

waagerecht:
a) 7 · 18
d) 9 · 9
g) 84 + 52
i) 8 · 40
k) 90 : 3
l) 622 − 307
m) 7 · 8
n) 27 + 43

senkrecht:
b) 7 · 30
c) 7 · 9
e) 9 · 15
f) 582 + 418
h) 972 − 336
k) 4 · 9

Nachbarn am Zahlenstrahl

① Schaue dir alle Zahlenstrahle dieser Seite genau an. Was stellst du fest?

② a) Welche Zahlen gehören zu den Buchstaben A bis F?
b) Zwischen welchen Zehntausendern liegen sie?

③ a) Welche Zahlen gehören zu den Buchstaben G bis L?
b) Zwischen welchen Tausendern liegen sie?

④ a) Welche Zahlen gehören zu den Buchstaben M bis R?
b) Zwischen welchen Hundertern liegen sie?

⑤ Rechne von den Zahlen M bis R zu den Nachbartausendern.
Schreibe so: M = 56 780   56 780 + 220 = 57 000   56 780 − 780 = 56 000

⑥ a) Welche Zahlen gehören zu den Buchstaben S bis X?
b) Zwischen welchen Zehnern liegen sie?

⑦ Rechne von den Zahlen S bis X zu den Nachbarhundertern.
Schreibe so: S = 34 365   34 365 + 35 = 34 400   34 365 − 65 = 34 300

Klasse 4: ISBN 978-3-619-45036-7, Seite 22

Rechnen mit Zahlen bis 100 000

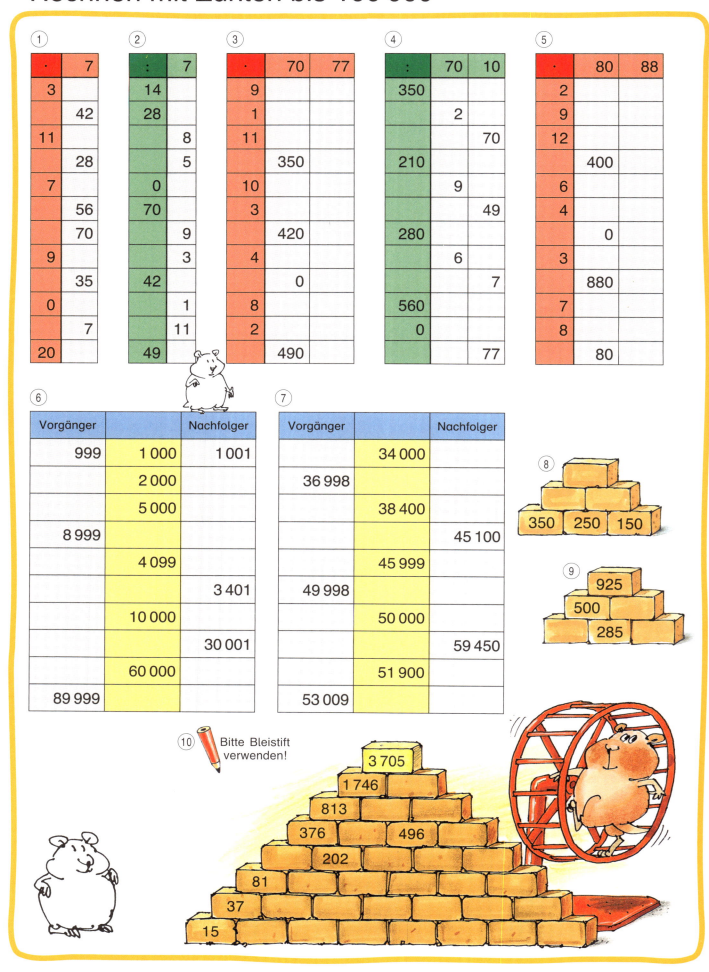

Zahlen runden

① Lotte ist mit ihren Eltern am Wochenende rund 200 km weit gefahren.
Wie lang könnte die genaue Fahrstrecke gewesen sein?
Suche aus den folgenden Größen fünf aus. Begründe.

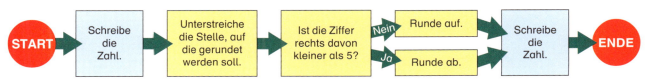

Aufrunden: Die unterstrichene Ziffer wird um 1 größer, die Ziffern rechts davon werden Null.
Abrunden: Die Zahl bleibt bis zur unterstrichenen Ziffer, alle Ziffern rechts davon werden Null.

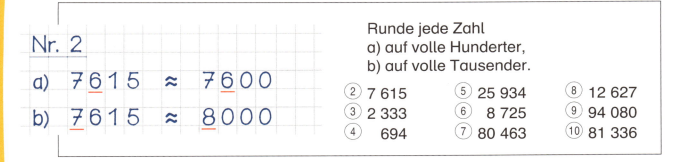

Nr. 2
a) 7̲615 ≈ 7̲600
b) 7̲615 ≈ 8̲000

Runde jede Zahl
a) auf volle Hunderter,
b) auf volle Tausender.

② 7 615   ⑤ 25 934   ⑧ 12 627
③ 2 333   ⑥ 8 725   ⑨ 94 080
④ 694   ⑦ 80 463   ⑩ 81 336

Runde jeweils wie angegeben auf ZT, T oder H.

⑪ 76 283 (ZT)   ⑮ 90 217 (T)   ⑲ 62 000 (T)   ㉓ 95 640 (H)
⑫ 33 333 (ZT)   ⑯ 77 777 (T)   ⑳ 99 500 (T)   ㉔ 38 490 (H)
⑬ 19 472 (ZT)   ⑰ 86 070 (T)   ㉑ 1 999 (T)   ㉕ 99 999 (H)
⑭ 105 000 (ZT)   ⑱ 113 600 (T)   ㉒ 149 237 (T) ㉖ 199 999 (H)

Runde auf volle m.   Runde auf volle €.   Runde auf volle km.
㉗ 8,36 m   ㉚ 36,48 m   ㉝ 6,23 €   ㊱ 38,09 €   ㊴ 3 km 954 m   ㊷ 18 km 380 m
㉘ 0,84 m   ㉛ 50,93 m   ㉞ 92 ct   ㊲ 99,99 €   ㊵ 0 km 750 m   ㊸ 19 km 800 m
㉙ 6,19 m   ㉜ 137,50 m   ㉟ 0,06 €   ㊳ 0,75 €   ㊶ 6 km 289 m   ㊹ 99 km 650 m

Zahlenquartett

Die Vorlagen zum Zahlenquartett können Sie als PDF kostenlos downloaden unter:
www.mildenberger-verlag.de/spannende-matheabenteuer

Klasse 4:
ISBN 978-3-619-45240-8, Seite 18

Addition und Subtraktion bis 100 000

① 56789 + 12345 + 24680

② 20817 + 39548 + 8756

③ 45678 + 39876 + 19742

④ 9003 + 68410 + 7506

⑤ Zahlenpyramide: 5, 15, 30, 75, 210, 390

⑥ Zahlenpyramide: 90, 130, 150, 250, 280, 530

⑦ 73248 − 35167

⑧ 81453 − 67890

⑨ 90051 − 74068

⑩ 61042 − 9876

⑪
Nachbartausender	Zahl	Nachbartausender
	72 199	
	66 526	
	75 053	
	39 720	
	84 800	
	23 999	
	52 001	
	1 089	

⑫
Nachbarzehntausender	Zahl	Nachbarzehntausender
	60 000	
	52 926	
	79 081	
	99 795	
	40 999	
	15 003	
	7 811	
	35 644	

⑬ 425 + 387

⑭ 1308 + 795

⑮ 23581 + 36378

⑯ 13082 + 79560

⑰ 43013 + 56987

⑱ 857 − 649

⑲ 7120 − 5678

⑳ 83520 − 7835

㉑ 75921 − 56753

㉒ 36698 − 15790

22 Klasse 4: ISBN 978-3-619-45366-5, Seite 18 und 24

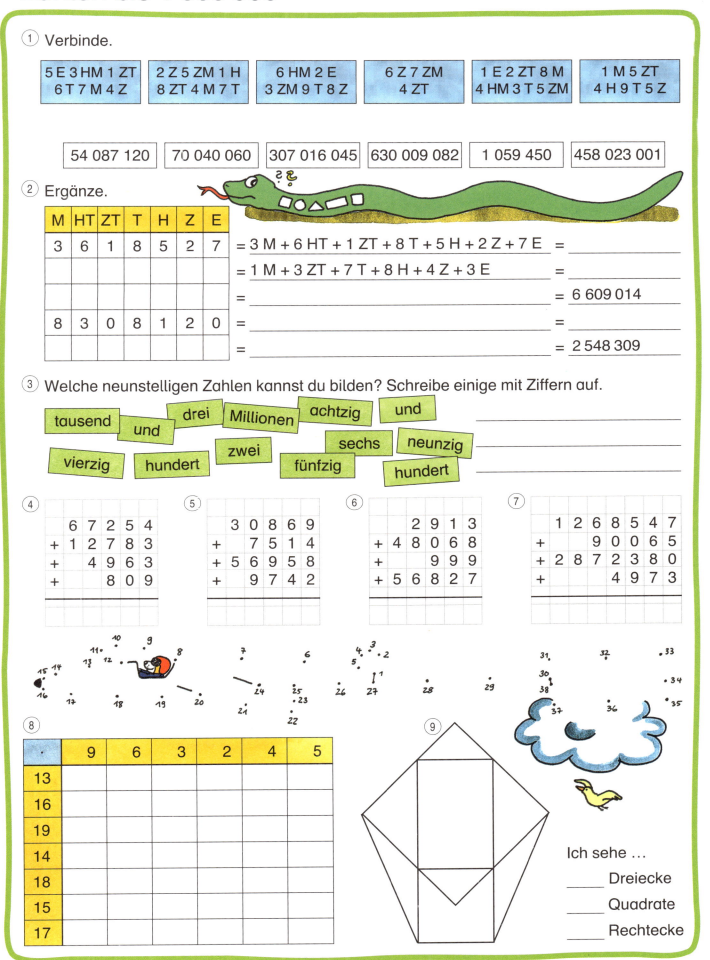

Textaufgaben mit großen Zahlen

Aufgabe 1

Obstbauer Michel erntet während eines Jahres 36 000 Kilogramm Äpfel.
a) Ein Drittel der Ernte liefert er an einen Großhändler.
   Welche Menge ist das?
   E: _____

b) Ein Viertel der Ernte liefert er an einen Supermarkt.
   Welche Menge ist das?
   E: _____

c) Die restliche Ernte verkauft er zu gleichen Teilen an 30 Einzelhändler.
   Welche Menge kauft jeder von diesen?
   E: _____

d) Welchen Betrag nimmt Obstbauer Michel für seine Äpfel ein, wenn er für jedes Kilogramm 60 Cent erhält?
   E: _____

Aufgabe 2

Eine Firma verbraucht während eines Dritteljahres 90 000 Kilowattstunden Strom.
a) Wie viele Kilowattstunden sind das monatlich?
   E: _____

b) Durch Verbesserungen kann der Stromverbrauch um ein Viertel gesenkt werden.
   Wie viele Kilowattstunden verbraucht die Firma jetzt im gleichen Zeitraum?
   E: _____

Satelliten auf dem Zahlenstrahl

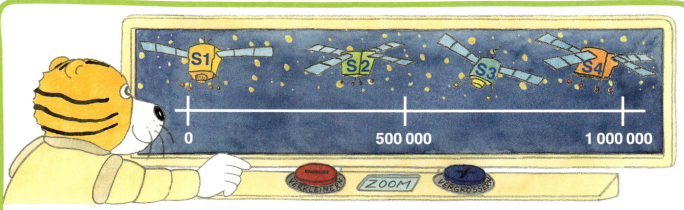

① Zeige auf dem großen Bildschirm, wo die Satelliten landen: S 1 landet bei 147 329, S 2 landet bei 368 744, S 3 landet bei 690 180, S 4 landet bei 808 300.

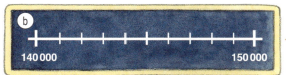

② Wenn man auf den Plus-Knopf drückt, erhält man einen genaueren Ausschnitt des Zahlenstrahls.
Zeige an den Ausschnitten a bis e die Landepunkte von Satellit S 1.
Was fällt dir auf?

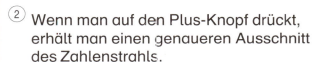

③ Zeichne für jeden anderen Satelliten einen Zahlenstrahl, der so genau ist, wie der Ausschnitt e.

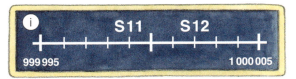

④ Bei welchen Zahlen landen die Satelliten S 5 bis S 12?

Finde die Regel in den Abständen folgender Landepunkte.
Schreibe die Zahlenfolgen in dein Heft und setze sie um 5 Zahlen fort.

⑤ 499 993, 499 995, 499 997, …
⑥ 1 000 014, 1 000 010, 1 000 006, …
⑦ 895 300, 897 300, 896 800, 898 800, 898 300, …
⑧ 1 730 000, 1 700 000, 1 715 000, 1 685 000, 1 700 000, …

Rechnen mit Riesenzahlen

①

Vorgänger		Nachfolger
	10 000	
	100 000	
	300 000	
	500 000	
	399 999	
	699 990	
	799 000	
	490 000	
	999 999	
	299 999	

②

+	8
129	
	200
376	
	350
492	
	513
594	
	804
799	
	1 000

③
24 : 8 =
240 : 80 =
2 400 : 8 =
2 400 : 80 =

④
72 : 8 =
720 : 8 =
7 200 : 8 =
7 200 : 80 =

⑤

·	10	100	200	1 000	10 000
5					
10					
89					
100					
350					

⑦
56 : 8 =
560 : 8 =
5 600 : 80 =
5 600 : 8 =

⑥

:	10	100	1 000	2 000	10 000
10 000					
80 000					
100 000					
360 000					
980 000					

⑧
16 : 8 =
160 : 80 =
1 600 : 80 =
1 600 : 8 =

⑨
```
  1 2 3 5 1 0
−       8 9 4 3
−     2 5 0 0 0
−     1 6 7 8 5
−     3 3 9 9 0
  ─────────────
```

⑩
```
  5 5 8 0 0 0 0
−   2 7 7 0 0 0
−     2 7 6 9 9
− 1 5 0 0 0 0 0
−         4 8 7
  ─────────────
```

⑪
```
  2 5 0 0 0 0 0 0
−     7 3 0 5 0 0
−   6 4 8 0 0 0 0
−         4 6 5 9 9
−   1 3 3 3 4 4 0
  ─────────────────
```

⑫
```
  2 5 3 8 4 2
−       3 6 1 8
−     1 1 1 1 1
−     5 6 8 1 2
−     9 8 6 4 2
  ─────────────
```

Rechnen bis zur Million

①
+	300	3 030	6 000	6 060	12 000	80 000
240 000						
4 800 000						

② Streiche die falsche Zahl durch und schreibe die richtige in das graue Feld. Setze fort.

3 456 543, 3 457 553, 3 458 563, 3 459 573, 3 450 583, _____

9 876 543, 9 856 343, 9 836 143, 9 816 943, 9 795 743, _____

1 234 567, 1 259 576, 1 284 567, 1 309 567, 1 334 567, _____

③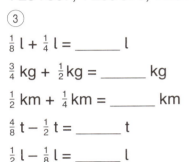

$\frac{1}{8}$ l + $\frac{1}{4}$ l = _____ l

$\frac{3}{4}$ kg + $\frac{1}{2}$ kg = _____ kg

$\frac{1}{2}$ km + $\frac{1}{4}$ km = _____ km

$\frac{4}{8}$ t − $\frac{1}{2}$ t = _____ t

$\frac{1}{2}$ l − $\frac{1}{8}$ l = _____ l

$\frac{3}{4}$ kg − $\frac{1}{2}$ kg = _____ kg

5 $\frac{1}{4}$ km − 3 $\frac{1}{2}$ km = _____ km

$\frac{3}{4}$ t − $\frac{1}{8}$ t = _____ t

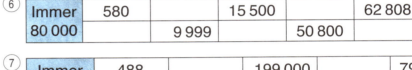

④ Immer 800 | 67 | | 531 | | 784
⑤ Immer 8 000 | 752 | | 2 398 | | 4 775
⑥ Immer 80 000 | 580 | | 15 500 | | 62 808
⑦ Immer 800 000 | 488 | | 199 000 | | 790 900

⑧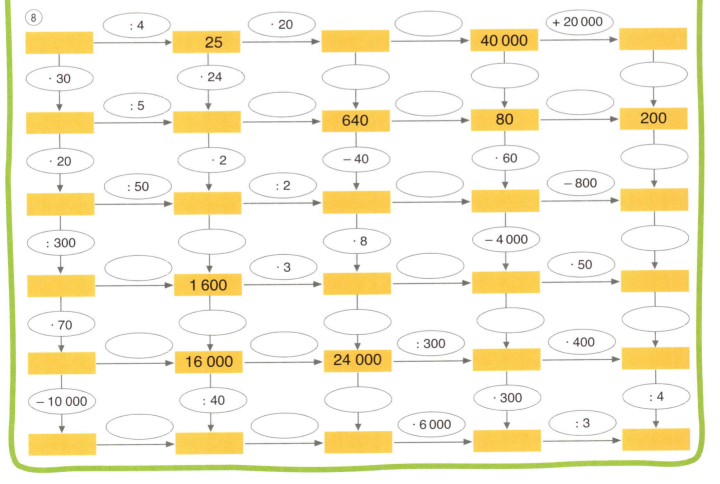

Klasse 4: ISBN 978-3-619-45366-5, Seite 91 und 88

Rechenvorteile – Rechentricks

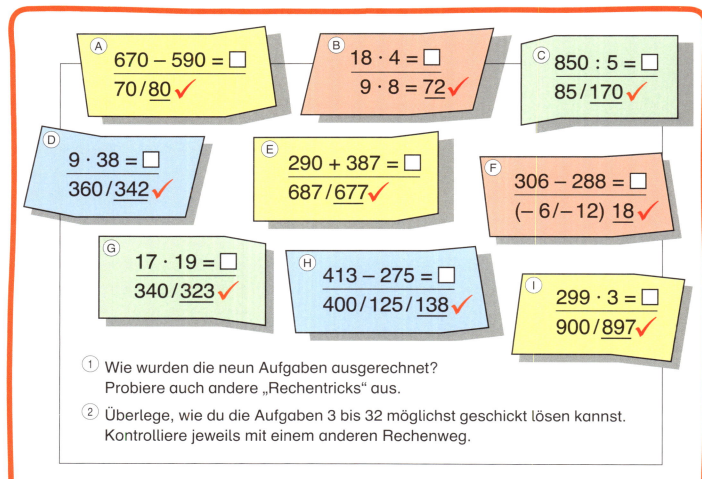

① Wie wurden die neun Aufgaben ausgerechnet? Probiere auch andere „Rechentricks" aus.

② Überlege, wie du die Aufgaben 3 bis 32 möglichst geschickt lösen kannst. Kontrolliere jeweils mit einem anderen Rechenweg.

③ 485 − 290
④ 700 : 5
⑤ 490 + 273
⑥ 579 · 1
⑦ 16 · 14
⑧ 703 − 697

⑨ 190 + 488
⑩ 16 · 19
⑪ 860 − 490
⑫ 0 : 473
⑬ 630 : 5
⑭ 609 − 360

⑮ 511 − 180
⑯ 18 · 13
⑰ 795 + 126
⑱ 47 · 10
⑲ 836 − 599
⑳ 1000 : 100

㉑ 6 · 199
㉒ 357 + 590
㉓ 970 : 10
㉔ 901 − 898
㉕ 9 · 79
㉖ 491 − 299

㉗ 930 − 799
㉘ 7 · 58
㉙ 460 : 5
㉚ 13 · 19
㉛ 491 − 299
㉜ 999 + 0

Spiel mit Ziffernkärtchen

㉝ Stelle Ziffernkärtchen für die Ziffern 1 bis 9 her. Lege damit zwei dreistellige Zahlen. Addiere die Zahlen.

Beispiel:
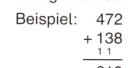

a) Die Summe darf beliebig sein.
b) Die Summe soll möglichst groß (klein) sein.
c) Die Summe soll genau 777, 787, 979, 948, 999 sein.

㉞ Lege und rechne wie bei Nr. 33 mit dreistelligen Zahlen.

a) Die Summe soll genau 842, 765, 500, 900, 1000 sein.
b) Es sollen die fünf größten Zahlen entstehen. Wie groß ist der Unterschied zwischen diesen Zahlen jeweils?
c) Warum kannst du die Zahl 300 nicht erzeugen?

Rechengesetze anwenden

 Vertauschungsgesetz

Bei Addition und Multiplikation darf man die Summanden bzw. Faktoren vertauschen.

$8 \cdot 7 = 7 \cdot 8$
$34 + 29 = 29 + 34$

 Klammergesetz I

Was in der Klammer steht, muss zuerst gerechnet werden.

$5 \cdot (56 - 17) =$
$5 \cdot 39$

 Punkt-vor-Strich-Gesetz

Die Punktrechnung ($\cdot$ und :) muss vor der Strichrechnung (+ und –) gerechnet werden.

$76 - 5 \cdot 7 =$
$76 - 35$

Rechne die Aufgaben. Wenn nötig, wende das jeweils passende Gesetz an.

① $35 \cdot 7 =$
  $42 \cdot 6 =$
  $86 \cdot 4 =$
  $58 \cdot 5 =$

② $47 + 334 =$
  $39 + 582 =$
  $82 + 744 =$
  $56 + 937 =$

③ $4 \cdot (23 + 42) =$
  $8 \cdot (91 - 84) =$
  $5 \cdot (57 + 35) =$
  $7 \cdot (68 + 72) =$

④ $(231 + 56) : 7 =$
  $(96 : 8) + 88 =$
  $45 - (145 - 129) =$
  $83 + (371 - 295) =$

⑤ $15 - 27 : 3 =$
  $92 - 6 \cdot 6 =$
  $492 + 155 : 5 =$
  $832 + 4 \cdot 42 =$

Rechne die Aufgaben geschickt. Denke dabei an die Rechengesetze.

⑥ $3 + 5 \cdot 2 - 18 : 6 + 22 : 11 =$
⑦ $6 \cdot 5 + (24 - 17) - 21 + 14 =$
⑧ $9 \cdot (45 : 5) + 36 : 4 - 40 : 2 =$

⑨ $64 - 3 \cdot 8 + 15 - (5 + 9) + 6 \cdot 8 =$
⑩ $35 : (74 - 67) + (42 - 15) - 3 \cdot 4 =$
⑪ $(24 + 32) : 8 - 54 : 9 + 72 : 8 =$

 Klammergesetz II

Bei Addition und Multiplikation kann man beliebig Klammern setzen.

$(31 + 27) + 42 =$
$31 + (27 + 42)$

$3 \cdot (4 \cdot 5) =$
$(3 \cdot 4) \cdot 5$

Verteilungsgesetz

Bei bestimmten Rechnungen kann man das Verteilungsgesetz anwenden.

$3 \cdot (5 + 8) = \qquad (27 - 9) : 3 =$
$3 \cdot 5 + 3 \cdot 8 \qquad 27 : 3 - 9 : 3$

$(7 - 3) \cdot 15 = \qquad (35 + 40) : 5 =$
$7 \cdot 15 - 3 \cdot 15 \qquad 35 : 5 + 40 : 5$

Überprüfe das Klammergesetz II an diesen Beispielen.

⑫ $34 + 28 + 17 =$
⑬ $25 + 9 + 41 =$
⑭ $16 + 39 + 14 =$

⑮ $3 \cdot 9 \cdot 2 =$
⑯ $5 \cdot 6 \cdot 8 =$
⑰ $4 \cdot 9 \cdot 6 =$

Wende das Verteilungsgesetz an.

㉔ $6 \cdot (8 + 4) =$
㉕ $5 \cdot (12 - 7) =$
㉖ $3 \cdot (40 - 15) =$

㉗ $(28 - 14) : 7 =$
㉘ $(42 + 12) : 6 =$
㉙ $(56 - 48) : 4 =$

Zeige, dass das Klammergesetz II nicht bei Subtraktion und Division gilt.

⑱ $74 - 14 - 18 =$
⑲ $19 - 32 - 25 =$
⑳ $46 - 24 - 24 =$

㉑ $45 : 9 : 3 =$
㉒ $72 : 8 : 4 =$
㉓ $56 : 12 : 3 =$

Wende das Verteilungsgesetz umgekehrt an.

㉚ $8 \cdot 6 + 8 \cdot 3 =$
㉛ $4 \cdot 9 - 4 \cdot 5 =$
㉜ $9 \cdot 7 + 9 \cdot 8 =$

㉝ $5 \cdot 12 + 7 \cdot 12 =$
㉞ $14 \cdot 9 - 9 \cdot 9 =$
㉟ $48 \cdot 6 - 39 \cdot 6 =$

Wir lernen Rechentricks

① Versuche herauszufinden, wie die Tricks funktionieren.

Rechenkniffe für die Multiplikation

Die Neunerprobe:

Wenn du die Neunerprobe durchführen willst, musst du die Quersumme von Zahlen bilden können.
Die Quersumme (Q) einer Zahl ist die Summe ihrer Ziffern. Die Quersumme soll einstellig sein.

Beispiele:

Von 128 ist die Quersumme ②.

$1 + 2 + 8 = 11$ $\qquad$ $1 + 1 = ②$

Von 187 ist die Quersumme ⑦.

$1 + 8 + 7 = 16$ $\qquad$ $1 + 6 = ⑦$

① Bilde von folgenden Zahlen die Quersumme (Q).

a) 128 $\quad$ c) 144 $\quad$ e) 3 510 $\quad$ g) 12 343 $\quad$ i) 33 309 $\quad$ k) 3 142

b) 187 $\quad$ d) 2 346 $\quad$ f) 4 224 $\quad$ h) 25 601 $\quad$ j) 5 210 $\quad$ l) 90 900

Zahl		Neunerrest	Q
a)	1 2 8	2	2
b)	1 8 7	7	
c)			

② Dividiere nun die Zahlen a bis l durch 9 und schreibe Neunerreste und Quersummen auf.

③ Vergleiche die Reste mit den Quersummen. Es gibt Erstaunliches festzustellen.

Nr. 4

Q8 $\qquad$ Q6

$1268 \cdot 60$ $\qquad$ ③ $\qquad$ $8 \cdot 6 = 48$

76080 $\qquad$ 8✕6 $\qquad$ Q von $48 = ③$

$\qquad$ 3

Q3

Nr. 5

Q1 $\qquad$ Q8

$2530 \cdot 80$ $\qquad$ ⑧

201400 $\qquad$ 1✕8

$\qquad$ 7

Q7

Wenn im Kreuz oben und unten die gleichen Quersummen (im Beispiel 3) stehen, kann die Aufgabe stimmen.

Die Neunerprobe stimmt nicht (oben 8, unten 7). Das Ergebnis ist sicher falsch. Rechne nach!

Überprüfe die Aufgaben mithilfe der Neunerprobe.

④ $1\ 268 \cdot 60$ $\qquad$ ⑧ $772 \cdot 43$ $\qquad$ ⑫ $4\ 832 \cdot 5$ $\qquad$ ⑯ $4\ 832 \cdot 75$ $\qquad$ ⑳ $35\ 807 \cdot 123$

⑤ $2\ 530 \cdot 80$ $\qquad$ ⑨ $819 \cdot 56$ $\qquad$ ⑬ $4\ 832 \cdot 7$ $\qquad$ ⑰ $5\ 756 \cdot 62$ $\qquad$ ㉑ $87\ 350 \cdot 206$

⑥ $1\ 765 \cdot 50$ $\qquad$ ⑩ $256 \cdot 63$ $\qquad$ ⑭ $4\ 832 \cdot 4$ $\qquad$ ⑱ $3\ 608 \cdot 49$ $\qquad$ ㉒ $70\ 385 \cdot 187$

⑦ $9\ 283 \cdot 90$ $\qquad$ ⑪ $580 \cdot 27$ $\qquad$ ⑮ $4\ 832 \cdot 9$ $\qquad$ ⑲ $7\ 941 \cdot 36$ $\qquad$ ㉓ $58\ 073 \cdot 559$

Klasse 4: ISBN 978-3-619-45240-8, Seite 127

Rechentricks für + und –

Rechentricks für + plus

Beispiel 1:
280 + 157 = 437
300 | 457 | 437
Ich rechne:
300 + 157, dann – 20

Beispiel 2:
280 + 157 = 437
300 + 137 = 437
1. Zahl +20
2. Zahl −20

Beispiel 3:
387 + 99 = 486
386 + 100 = 486
2. Zahl +1
1. Zahl −1

Tolle Tricks!

①
369 + 25 =
139 + 47 =
459 + 28 =
719 + 56 =

②
228 + 56 =
348 + 37 =
968 + 28 =
538 + 45 =

③
649 + 46 =
718 + 75 =
839 + 77 =
528 + 68 =

④
398 + 75 =
339 + 37 =
499 + 136 =
699 + 57 =

Rechentricks für − minus

Beispiel 1:
685 − 69 = 616
685 | 615 | 616
Ich rechne:
685 − 70, dann + 1

Beispiel 2:
685 − 69 = 616
686 − 70 = 616
Beide Zahlen +1

Beispiel 3:
720 − 490 = 230
700 − 470 = 230
Beide Zahlen −20

⑤
398 − 75 =
768 − 53 =
499 − 86 =
949 − 59 =

⑥
298 − 69 =
880 − 590 =
730 − 290 =
975 − 190 =

⑦
451 − 390 =
565 − 490 =
692 − 399 =
578 − 65 =

⑧
779 − 499 =
869 − 78 =
345 − 199 =
746 − 99 =

Rechentricks für · und :

Rechentricks für mal

Beispiel 1:
3 · 299 = 897

Ich rechne:
3 · 300, dann − 3

Beispiel 2:
6 · 195 = 1170

Ich rechne:
6 · 200, dann − 30

①
3 · 299 = 897

5 · 198 =

6 · 399 =

5 · 298 =

②
4 · 195 =

7 · 299 =

3 · 495 =

3 · 799 =

③
8 · 247 =

9 · 498 =

7 · 699 =

8 · 297 =

④
6 · 199 =

3 · 259 =

4 · 695 =

2 · 795 =

Rechentricks für geteilt durch

Beispiel: 672 : 4 =

Ich zerlege:
400 + 200 + 72

Ich rechne:
400 : 4, dann 200 : 4, dann 72 : 4

Ich schreibe:
672 : 4 = 168

100	50	18
~~400~~	~~200~~	~~72~~

⑤
672 : 4 = 168

620 : 5 =

680 : 8 =

711 : 3 =

⑥
532 : 2 =

702 : 9 =

861 : 7 =

972 : 4 =

⑦
831 : 3 =

752 : 8 =

870 : 6 =

889 : 7 =

⑧
756 : 6 =

528 : 4 =

406 : 7 =

984 : 8 =

Klasse 4, ISBN 978-3-619-45354-2, Seite 65, 66, 69

Wir rechnen mit Kilometern

① Wie weit kommen der Radfahrer, der Fußgänger und der Motorrollerfahrer jeweils in einer Stunde?

② Übertrage die Tabelle in dein Heft und fülle alle Felder aus.

Meter	Kilometer und Meter	km	100 m	10 m	1 m	Kilometer mit Komma
1 000 m	1 km 0 m	1	0	0	0	1,000 km
500 m	0 km 500 m					
1 250 m						
2 750 m						
	0 km 385 m					
	1 km 30 m					
		0	2	0	6	
		1	0	0	1	
						0,999 km
						1,234 km

Schreibe jeweils auf drei Arten: Beispiel 1 320 m = 1 km 320 m = 1,320 km

③ 1 320 m
  220 m
 2 734 m
  30 m

④ 2 km 450 m
 1 km 60 m
 0 km 501 m
 7 km 7 m

⑤ 1,910 km
 0,001 km
 2,300 km
 10,020 km

⑥ 8 m
 4 005 m
 760 m
 3 465 m

⑦ $\frac{1}{4}$ km
 $\frac{3}{4}$ km
 $\frac{1}{2}$ km
 $1\frac{1}{2}$ km

⑧ Welche Längenangabe passt? Präge dir die Merkmaße ein.

100 m | 1,30 m | 9 m | 400 m | 40 000 km | 4 m | 1 m | 1 cm

Sachaufgaben zur Länge Kilometer

Mit der Bahn unterwegs

Auf dem Plan siehst du Entfernungen zwischen sechs Städten in Kilometern.

a) Wie lang ist die Strecke von A-Stadt nach D-Stadt über B-Stadt und C-Stadt?

b) Wie lang ist die Strecke von A-Stadt nach D-Stadt über F-Stadt und E-Stadt?

c) Wie lang ist die Strecke von B-Stadt nach F-Stadt über A-Stadt und E-Stadt?

d) Wie lang ist die Strecke von A-Stadt nach C-Stadt über E-Stadt und D-Stadt?

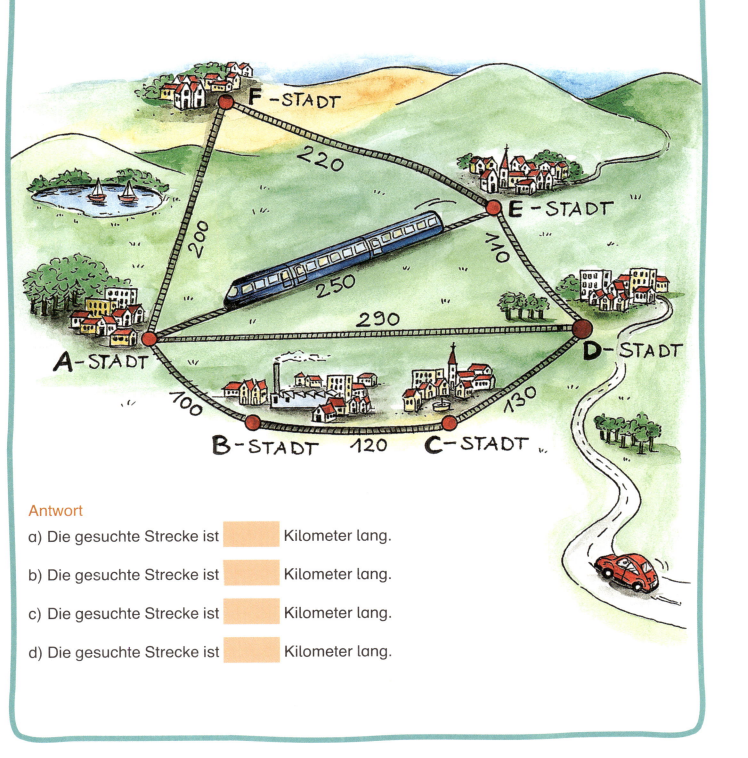

Antwort

a) Die gesuchte Strecke ist ____ Kilometer lang.

b) Die gesuchte Strecke ist ____ Kilometer lang.

c) Die gesuchte Strecke ist ____ Kilometer lang.

d) Die gesuchte Strecke ist ____ Kilometer lang.

Kilometer und Meter

① Auf Schildern werden Entfernungsangaben in Kilometern oft abgekürzt. Wie viel km und m sind beispielsweise 2,5 km?

② Trage die 8 Entfernungsangaben in die Tabelle in dein Heft ein.

③ Schreibe die 8 Entfernungsangaben geordnet nach der Länge auf.

Berechne jeweils Summe und Unterschied. Schreibe als m.
Vergiss den Überschlag nicht.

④  3 km 500 m | 386 m   ⑥ 867 m | 5 km 150 m   ⑧ 6 km 7 m | 1 km 143 m

⑤ 1 km 842 m | 536 m   ⑦ 932 m | 2 km 246 m   ⑨ 8 km 21 m | 1 km 714 m

Schreibe als m. Vergiss die Kontrolle nicht.

⑩ 6,095 km : 5   ⑬ 1,584 km : 4   ⑯ 4 km 374 m : 6   ⑲ 2 km 631 m : 3

⑪ 3,856 km : 8   ⑭ 4,004 km : 7   ⑰ 2 km 776 m : 8   ⑳ 1 km 954 m : 2

⑫ 2,322 km : 6   ⑮ 1,953 km : 9   ⑱ 1 km 68 m : 3   ㉑ 8 km 5 m : 5

㉒ Auf dem Autobahnschild kannst du drei Entfernungen ablesen. Berechne die anderen drei Entfernungen, die man dem Schild noch entnehmen kann.

㉓ Frau Obermann holte am Dienstag ihren neuen Pkw ab. Der Kilometerzähler zeigte 78 km an. Am gleichen Tag fuhr sie noch 129 km, am Mittwoch 406 km.
Wie viel km fuhr sie am Donnerstag? Der Kilometerzähler zeigt den Stand von Donnerstagabend.

36   Klasse 4: ISBN 978-3-619-45270-5, Seite 93

Wege und Netze

Kannst du den Weg ins Ziel finden? Finde verschiedene Wege und zeichne sie mit unterschiedlichen Farben ein.

START

ZIEL

Klasse 3 u. 4: ISBN 978-3-619-01570-2, AB 162

37

Vögel ziehen um die halbe Welt

Wenn es Herbst wird, verlassen uns viele Vögel.
Es wird ihnen zu kalt und sie finden auch kein Futter mehr.
Oft müssen sie viele tausend Kilometer zu ihrem Winterquartier fliegen.

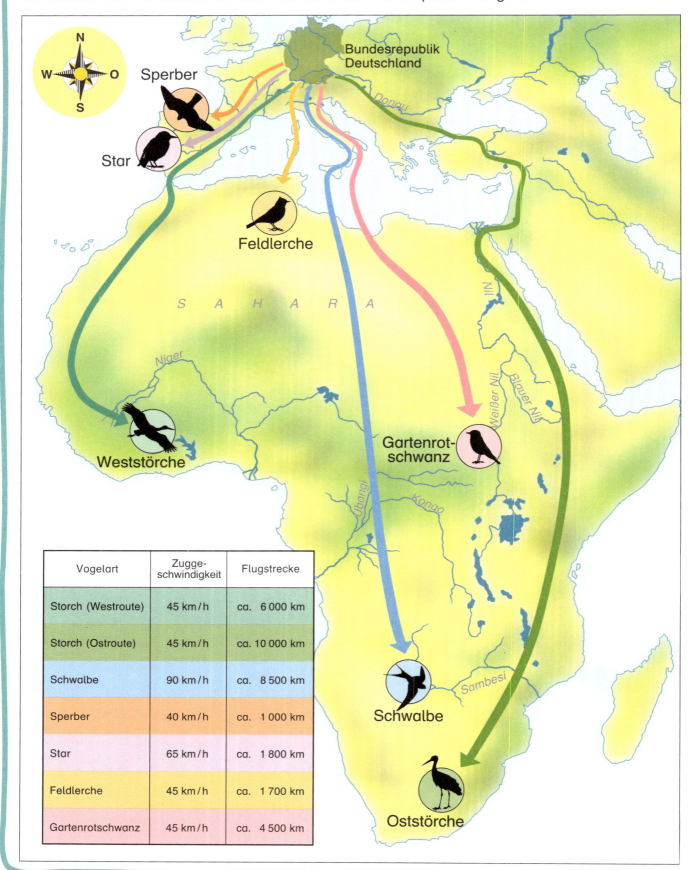

Vogelart	Zugge-schwindigkeit	Flugstrecke
Storch (Westroute)	45 km/h	ca. 6 000 km
Storch (Ostroute)	45 km/h	ca. 10 000 km
Schwalbe	90 km/h	ca. 8 500 km
Sperber	40 km/h	ca. 1 000 km
Star	65 km/h	ca. 1 800 km
Feldlerche	45 km/h	ca. 1 700 km
Gartenrotschwanz	45 km/h	ca. 4 500 km

① Ein Schwarm Störche braucht für den Flug in sein Winterquartier in Südafrika 85 Tage. Pro Tag fliegen die Störche durchschnittlich 120 km weit.
Wie viel km legen die Störche insgesamt zurück?

② Die Störche fliegen nicht jeden Tag. Unterwegs machen sie immer wieder längere Pausen. Zu Beginn der Reise kann ein Schwarm täglich 260 km zurücklegen.
Wie weit können die Störche bei dieser Geschwindigkeit in den ersten 4 Tagen fliegen?

Storch

③ Ein Schwarm Störche braucht 70 Tage für die 10 500 km von Südafrika zurück nach Deutschland.
Wie viel km legt er täglich im Durchschnitt zurück? (Tabelle: 70 Tage, 7 Tage, 1 Tag)

④ Die Weststörche benötigen 52 Tage für ihren Flug ins Winterquartier.
Sie fliegen pro Tag durchschnittlich 120 km.
Wie viel km legen sie insgesamt zurück?

⑤ Auf ihrem Rückflug im Frühjahr benötigen die Störche für die Strecke von 6 000 km nur 40 Tage.
Wie viel km fliegen sie durchschnittlich pro Tag?

⑥ Die Flüge europäischer Störche enden oft tödlich an Hochspannungsleitungen, durch Erschöpfung oder durch Wilderer.
Ein Storch, der 18 Jahre alt wird, könnte eigentlich 12-mal nach Afrika fliegen. Forscher haben festgestellt, dass es ein Storch bisher höchstens viermal geschafft hat.

Feldlerche

Schwalbe

Gartenrotschwanz

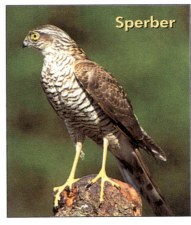
Sperber

Star

⑦ Berechne mit Hilfe von Tabellen, wie viel km die Vögel in 2, 3, 4, 5, 8 und 10 Stunden zurücklegen können.
  a) Sperber,   c) Star,
  b) Feldlerche, d) Schwalbe.

⑧ Stelle die Flugstrecken der Vögel in einem Balkendiagramm dar. Zeichne für 1 000 km einen Balken von 10 mm Länge.

⑨ Kann ein Storch in 20 Stunden von Südafrika nach Frankfurt kommen?

Tiere wandern um die halbe Welt

Der Blauwal wandert mit einer Geschwindigkeit von bis zu 20 km/h. Der Pottwal schafft bis zu 30 km/h.

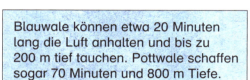

Blauwale können etwa 20 Minuten lang die Luft anhalten und bis zu 200 m tief tauchen. Pottwale schaffen sogar 70 Minuten und 800 m Tiefe.

Im Sommer ist der Blauwal besonders hungrig. Beim Fressen nimmt er einen bis zu 1000 Liter großen „Schluck" planktonreiches Meerwasser in seinen Rachen auf. Dann schließt er das Maul und presst das überflüssige Wasser durch den „Bartenvorhang" wieder heraus. Auf diese Art nimmt er pro Tag rund 4 t Plankton und Kleinkrebse zu sich.

① Auf dieser Weltkarte sind einige wandernde Tierarten mit ihren Wegstrecken eingezeichnet.
   a) Ordne die Tiere nach der Länge ihrer Wanderstrecken.
   b) Überlege, warum die Tiere so weite Strecken zurücklegen.

② Wie lange bräuchte der Blauwal und der Pottwal für die 10 000-km-Wanderung, wenn sie immer mit der gleichen Geschwindigkeit schwimmen würden?
   Tipp: Rechne in Tabellen.

③ a) Rechne aus, wie viele Kilogramm Nahrung der Blauwal in einer Stunde im Durchschnitt frisst.
   b) Vergleiche die Lösung mit eurem Körpergewicht.
   c) Wie viele Badewannen könnte der Blauwal mit einem „Schluck" etwa füllen?

④ a) Halte die Luft so lange wie möglich an und miss die Zeit. Vergleiche dein Ergebnis mit den Zeiten der Wale.
   b) Wie tief kannst du tauchen? Vergleiche auch diese Zahl mit den Tauchtiefen der Wale.

40   Klasse 4: ISBN 978-3-619-45036-7, Seite 92

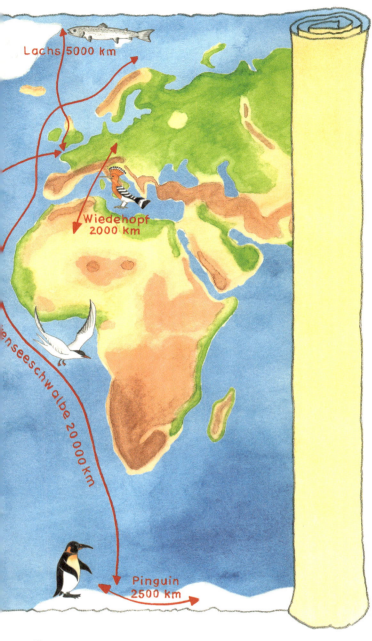

Jeder europäische Aal wird in der Sargassosee in der Nähe der Bahamas geboren. Mithilfe des Golfstroms kommt er innerhalb von drei Jahren nach Europa.

Nach der dreijährigen Wanderung ist der junge Aal rund 70 mm lang. Mit etwa 12 Jahren ist der Aal ausgewachsen und rund 21-mal länger. Dann wandert er innerhalb eines Jahres zurück in die Sargassosee zum Laichen.

Der Monarchfalter fliegt bei seiner Reise in den Süden rund 70 km pro Tag.

Nachdem sich die Lachse im nördlichen Atlantik „dick gefressen" haben, müssen die etwa 90 cm großen Fische zu ihren Laichplätzen flussaufwärts schwimmen. Dabei überwinden sie verschiedene Hindernisse und springen bis zu 3 m hoch und bis zu 6 m weit.

⑤ a) Wie lange benötigt der Monarchfalter für seine Reise?
b) Bei Rückenwind schafft er sogar 300 km pro Tag. Wie lange bräuchte er bei ständigem Rückenwind?

⑥ Wie viele Kilometer legt der Aal durchschnittlich pro Tag auf seiner Reise nach Europa zurück?

⑦ a) Wie groß ist ein ausgewachsener Aal?
b) Wie viele Kilometer schwimmt der Aal im Durchschnitt täglich auf dem Weg von Europa in die Sargassosee?

⑧ Die Küstenseeschwalbe legt auf ihrer Wanderung die meisten Kilometer zurück. Berechne die Unterschiede zu den anderen wandernden Tieren.

⑨ Wie hoch und weit springst du? Vergleiche deine Werte mit den Werten der Lachse.

⑩ Suche in Sachbüchern oder im Internet nach weiteren Informationen zur Wanderung von Tieren.
Finde zu diesem Thema weitere Aufgaben.

Eine Zeitleiste für einen Schultag

Die Zwillinge Annika und Heiko haben zu einigen Tätigkeiten eines Tages die Uhrzeiten und die Dauer aufgeschrieben und an einer Zeitleiste dargestellt.

① Ordne die Kärtchen nach Zeitpunkten (Uhrzeit) und Zeitspannen (Zeitdauer).

② Stelle die Zeitpunkte auf deiner Lernuhr ein und ordne die Kärtchen den Buchstaben auf der Zeitleiste zu.
Schreibe so: a = Aufstehen: 6.45 Uhr

③ Stelle deinen Tagesablauf an einer Zeitleiste dar. Denke dabei an Aufstehen, Schulbeginn, große Pause, Schulschluss, Mittagessen usw.

④ Für ihre Mitschüler haben Annika und Heiko ein Quiz erstellt. Beantworte die Fragen.

Quizfragen

- Wie viel Zeit haben wir für Waschen, Anziehen und Frühstücken?
- Wann sind wir an der Schule?
- Wie lange dauert der gesamte Schulweg am Morgen?
- Wie lange haben wir nach Schulschluss Zeit, um zur Bushaltestelle zu gehen?
- Wie lange dauert der Heimweg?
- Wann sind wir wieder zu Hause?
- Um wie viel Uhr beginnen wir mit den Hausaufgaben?

⑤ Erfinde zu den Kärtchen und der Zeitleiste der Zwillinge weitere Fragen.

⑥ Schreibe Quizfragen für deinen Tagesablauf auf und lasse sie von anderen lösen.

① Am Montag beginnt der Unterricht für Annika und Heiko um 7.50 Uhr und endet um 13.05 Uhr.

② Montags geht Annika ins Kinderturnen. Um 15.20 Uhr geht sie aus dem Haus und ist um 16.40 Uhr wieder zurück.

③ Donnerstags geht Heiko mit seinen Freunden zum Fußballtraining. Es beginnt um 16.15 Uhr und dauert 90 min.

④ Vor dem Fußballtraining am Donnerstag hat Heiko noch zwei Stunden Unterricht ohne Fünf-Minuten-Pause. Der Unterricht dauert bis 15.30 Uhr.

⑤ Am Sonntag unternahmen die Zwillinge mit ihren Eltern eine Wanderung. Sie gingen um 10 Uhr los und waren um 15.45 Uhr wieder zu Hause. Insgesamt machten sie 150 min Pause.

Beim Lösen hilft manchmal ein Pfeilbild.

⑥ Heiko und Annika üben jeden Tag mit ihrem Vater von 18.15 Uhr bis 18.35 Uhr lesen. Am Sonntag üben sie nicht.

⑦ Frau Panzner arbeitet täglich fünf Stunden. Sie geht um 7.30 Uhr aus dem Haus und ist um 12.55 Uhr wieder zurück. Wie lange braucht sie für den Weg zur Arbeit?

⑧ Die tägliche Arbeitszeit von Herrn Auer beträgt acht Stunden. In der Mitte seiner Arbeitszeit macht Herr Auer 45 min Pause. Um 16.30 Uhr hat er Feierabend. Wann beginnt Herr Auer seine Arbeit?

⑨ 48 : 8 = 480 : 80 =	⑩ 14 : 2 = 140 : 20 =	⑪ 35 : 5 = 350 : 50 =	⑫ 54 : 6 = 540 : 60 =	⑬ 18 : 3 = 180 : 30 =
⑭ 28 : 9 = 280 : 90 =	⑮ 25 : 4 = 250 : 40 =	⑯ 58 : 7 = 580 : 70 =	⑰ 63 : 10 = 630 : 100 =	⑱ 99 : 1 = 990 : 10 =

Klasse 3: ISBN 978-3-619-35360-6, Seite 89

Uhrzeiten – Zeitdauern

①  morgens
② 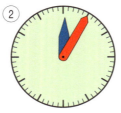 mittags
③  nachmittags
④  abends

⑤  nachmittags
⑥  nachts
⑦  mittags
⑧ 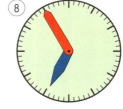 morgens

Wie viele Stunden und Minuten vergehen noch bis zum Ende des Tages?

⑨ 22:20   Es ist _____ Uhr. Bis zum Ende des Tages vergehen ___ h ___ min.
⑩ 17:50   _____ Bis zum Ende des Tages vergehen ___ h ___ min.
⑪ 3:10   _____ Bis zum Ende des Tages vergehen ___ h ___ min.
⑫ 13:40   _____ Bis zum Ende des Tages vergehen ___ h ___ min.
⑬ 10:30   _____ Bis zum Ende des Tages vergehen ___ h ___ min.
⑭ 6:25   _____ Bis zum Ende des Tages vergehen ___ h ___ min.

Wandle um.

⑮ 60 s = _1_ min _0_ s
⑯ 190 s = ___ min ___ s
⑰ 120 s = ___ min ___ s
⑱ 150 s = ___ min ___ s
⑲ 80 s = ___ min ___ s
⑳ 250 s = ___ min ___ s
㉑ 73 s = ___ min ___ s
㉒ 310 s = ___ min ___ s

㉓ 170 s = ___ min ___ s
㉔ 230 s = ___ min ___ s
㉕ 360 s = ___ min ___ s
㉖ 95 s = ___ min ___ s
㉗ 440 s = ___ min ___ s
㉘ 290 s = ___ min ___ s
㉙ 140 s = ___ min ___ s
㉚ 375 s = ___ min ___ s

㉛ 1 min = _60_ s
㉜ 2 min = ___ s
㉝ 1 min 50 s = ___ s
㉞ 2 min 10 s = ___ s
㉟ 1 min 45 s = ___ s
㊱ 3 min 40 s = ___ s
㊲ 2 min 50 s = ___ s
㊳ 4 min 15 s = ___ s

㊴
+		90	
360	480		
		560	
650			1000
			720

㊵
:	60	90	50	80
500	8 R 20			
340				
465				
328				

Rechnen mit Uhrzeiten

① | · | 14 |
|---|---|
| 2 | |
| 8 | |
| 4 | |
| 6 | |
| 3 | |

② | · | 15 |
|---|---|
| 3 | |
| 7 | |
| 5 | |
| 9 | |
| 1 | |

③ | · | 16 |
|---|---|
| 4 | |
| 6 | |
| 2 | |
| 8 | |
| 10 | |

④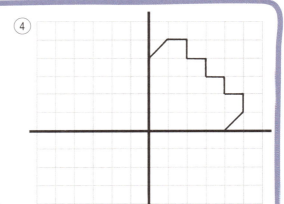

⑤ **Jetzt ist es 10.15 Uhr.**

In 2 h 40 min ist es _____ Uhr.
Vor 3 $\frac{3}{4}$ h war es _____ Uhr.
In 4 h 14 min ist es _____ Uhr.
Vor 7 h 35 min war es _____ Uhr.
In 9 h 52 min ist es _____ Uhr.
Vor 13 h 20 min war es _____ Uhr.
In 1 $\frac{1}{2}$ Tagen ist es _____ Uhr.
Vor 5 Tagen, 1 h und 15 min war es _____ Uhr.

⑥
_____ + 48 = 338
_____ − 29 = 519
_____ + 73 = 430
_____ − 64 = 646
_____ + 85 = 715
_____ − 56 = 824

⑦ Berechne den Benzinverbrauch.

Strecke	Verbrauch
100 km	6 l
200 km	
500 km	
800 km	
450 km	
125 km	
375 km	

⑧ Berechne die Reichweite.

Tankinhalt	Reichweite
12 l	100 km
24 l	
48 l	
	350 km
18 l	
	125 km
9 l	

⑨ Wie viel Uhr ist es?

_____ Uhr   _____ Uhr   _____ Uhr
_____ Uhr   _____ Uhr   _____ Uhr

⑩
6.27 Uhr   _____ Uhr   0.58 Uhr
_____ Uhr   21.06 Uhr   _____ Uhr

Berechne die fehlenden Angaben.

⑪ 3.26 Uhr —5 h 37 min→ _____ Uhr —__ h __ min→ 13.02 Uhr —6 h 59 min→ _____ Uhr

⑫ _____ Uhr —8 h 7 min→ 17.05 Uhr —4 h 48 min→ _____ Uhr —3 h 22 min→ _____ Uhr

⑬ 22.22 Uhr —__ h __ min→ 5.55 Uhr —__ h __ min→ 23.09 Uhr —10 h 53 min→ _____ Uhr

Vorstellbare und unvorstellbare Geschwindigkeiten

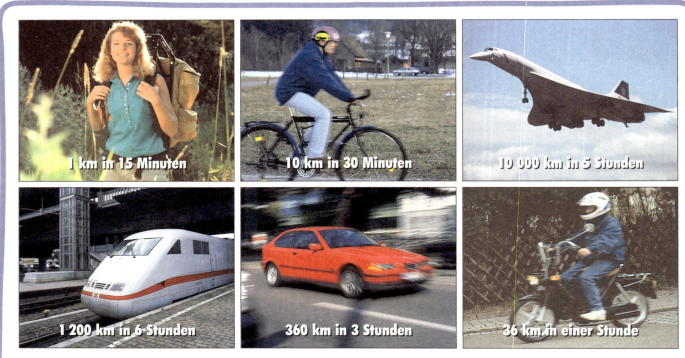

1 km in 15 Minuten — 10 km in 30 Minuten — 10 000 km in 5 Stunden
1 200 km in 6 Stunden — 360 km in 3 Stunden — 36 km in einer Stunde

① Übertrage die Angaben in eine Tabelle. Berechne die fehlenden Entfernungen.

	$\frac{1}{4}$ h	$\frac{1}{2}$ h	$\frac{3}{4}$ h	1 h	3 h	5 h	6 h
Fußgänger	1 km						
Radfahrer							
Moped							
Pkw							
ICE							
Flugzeug							

② Zeichne für Fußgänger, Radfahrer und Moped ein Balkendiagramm (2 mm Balkenlänge für 1 km/h). In der roten Spalte kannst du die Geschwindigkeiten ablesen (Kilometer in einer Stunde = km/h).

③ Höchste Fluggeschwindigkeiten einiger Vogelarten:
Schwalbe 90 m/s (90 m in einer Sekunde), Mauersegler 89 m/s, Regenpfeifer 31 m/s, Wildente 28 m/s, Wachtel 17 m/s, Sperling 14 m/s. Die Vögel können diese Höchstgeschwindigkeiten selbstverständlich nur kurze Zeit fliegen. Berechne die Höchstgeschwindigkeiten der Vögel in km/h (Kilometer in einer Stunde).

Unvorstellbare Geschwindigkeiten:

④ Die Erde legt bei ihrem Flug um die Sonne 107 280 km in einer Stunde zurück.

⑤ Der Mond legt bei seinem Flug um die Erde 3 680 km pro Stunde zurück.

⑥ Der Schall legt in der Luft etwa 331 m pro Sekunde zurück.

⑦ Das Licht legt etwa 300 000 km pro Sekunde zurück.

Sonne, Mond und Vogeluhr

Januar 9 Sonntag
SA 8.24 SU 16.34
MU 7.59 MA 16.13

April 8 Sonntag
SA 6.42 SU 20.07
MU 7.19 MA 20.34

Juli 5 Donnerstag
SA 5.13 SU 21.40
MU 4.51 MA 21.48

November 1 Donnerstag
SA 7.15 SU 16.55
MU 7.06 MA 17.25

① Berechne für jeden angegebenen Tag die Zeit, in der die Sonne scheint.

② Berechne für jeden angegebenen Tag die Zeit, in der der Mond scheint.

③ Wie lange scheinen Sonne und Mond an den Vollmondtagen gemeinsam?

④ Am 20. Juni scheint die Sonne am längsten: SA 5.05 Uhr, SU 21.42 Uhr. Vergleiche die Sonnenscheindauer am 20.6. mit der Sonnenscheindauer an den angegebenen Tagen.

⑤ Um wie viel Uhr beginnen die Vögel am 5. Juli ihren Gesang?

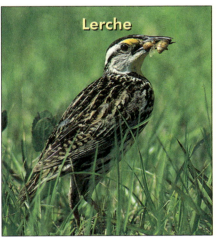

Lerche

Ich beginne meinen Gesang 100 Minuten vor Sonnenaufgang.

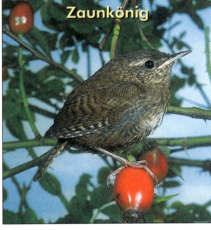

Zaunkönig

Ich beginne meinen Gesang 15 Minuten vor Sonnenaufgang.

Rotkehlchen

Ich beginne meinen Gesang 34 Minuten vor Sonnenaufgang.

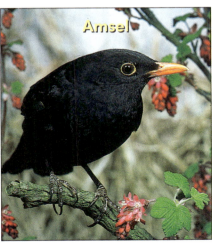

Amsel

Ich beginne meinen Gesang 45 Minuten vor Sonnenaufgang.

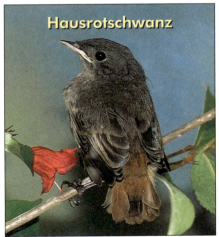

Hausrotschwanz

Ich beginne meinen Gesang 75 Minuten vor Sonnenaufgang.

Sachsituation – Fahrplan und Fahrpreise

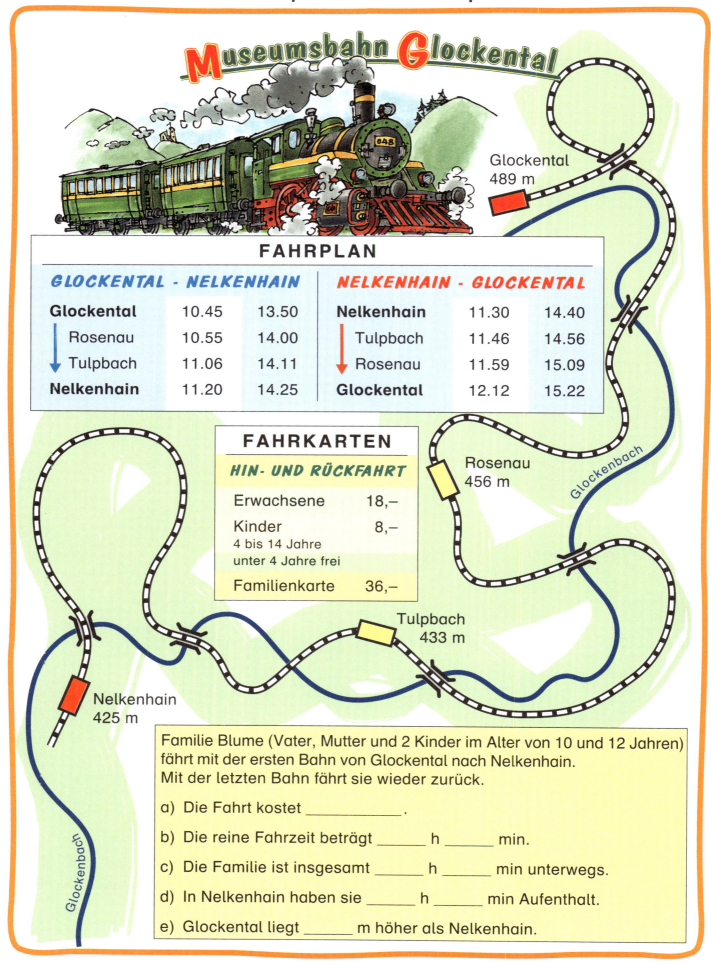

FAHRPLAN

GLOCKENTAL - NELKENHAIN

Glockental	10.45	13.50
Rosenau	10.55	14.00
Tulpbach	11.06	14.11
Nelkenhain	11.20	14.25

NELKENHAIN - GLOCKENTAL

Nelkenhain	11.30	14.40
Tulpbach	11.46	14.56
Rosenau	11.59	15.09
Glockental	12.12	15.22

FAHRKARTEN

HIN- UND RÜCKFAHRT

Erwachsene	18,–
Kinder	8,–
4 bis 14 Jahre	
unter 4 Jahre frei	
Familienkarte	36,–

Glockental 489 m
Rosenau 456 m
Tulpbach 433 m
Nelkenhain 425 m

Familie Blume (Vater, Mutter und 2 Kinder im Alter von 10 und 12 Jahren) fährt mit der ersten Bahn von Glockental nach Nelkenhain. Mit der letzten Bahn fährt sie wieder zurück.

a) Die Fahrt kostet _____ .

b) Die reine Fahrzeit beträgt _____ h _____ min.

c) Die Familie ist insgesamt _____ h _____ min unterwegs.

d) In Nelkenhain haben sie _____ h _____ min Aufenthalt.

e) Glockental liegt _____ m höher als Nelkenhain.

Sachsituation – Bodenseerundfahrt

Aufgabe 1

Eine Rundfahrt auf dem Bodensee mit einem Dampfer beginnt um 13.40 Uhr und dauert 1,75 h.

a) Wie viele Minuten ist der Dampfer unterwegs?

E: _____

b) Um wie viel Uhr ist der Dampfer wieder zurück?

E: _____

c) Während dieser Zeit legt der Dampfer eine Strecke von 10,5 km zurück.
Welche Strecke legt der Dampfer durchschnittlich in 1 Stunde zurück?

E: _____

Aufgabe 2

Ein Zug fährt um 7.50 Uhr in Stuttgart los und trifft nach 3 Stunden und 51 Minuten in Erfurt ein.
Wann kommt der Zug in Erfurt an?

E: _____

Aufgabe 3

Ein Zug fährt von Köln nach Münster und trifft nach 1 Stunde und 55 Minuten dort um 12.54 Uhr ein.
Wann fährt der Zug in Köln ab?

E: _____

Wilde Tiere

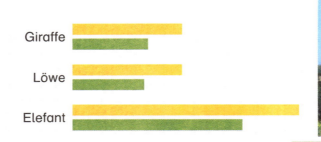

Das bedeuten die Balken:
So alt wird das Tier im Zoo.
So alt wird das Tier in freier Wildbahn.

① Erkläre das Balkendiagramm.

② Finde eine Erklärung, warum die Tiere im Zoo älter werden als in freier Wildbahn.

③ Welches Tier wird am ältesten, welches wird am wenigsten alt?

④ 1 mm Balkenlänge bedeutet ein Lebensjahr.
Miss die Länge der Balken und rechne in Lebensjahre um.
Trage alle Angaben in eine Tabelle ein.

Tiername	Länge des gelben Balkens	Alter im Zoo	Länge des grünen Balkens	Alter in freier Wildbahn
Giraffe	29 mm	29 Jahre	20 mm	20 Jahre
Löwe				

⑤ Ordne die Tiere nach dem Alter, das sie im Zoo erreichen.

⑥ Suche in Sachbüchern oder im Internet nach dem Lebensalter von Haustieren. Zeichne ein Balkendiagramm und vergleiche es mit den Wildtieren.

⑦	⑧	⑨	⑩	⑪
38 + 7 =	44 + ☐ = 52	92 − ☐ = 85	134 + ☐ = 200	76 + ☐ = 300
59 + 4 =	36 + ☐ = 45	75 − ☐ = 67	383 + ☐ = 400	283 + ☐ = 500
76 + 8 =	63 + ☐ = 71	61 − ☐ = 54	555 + ☐ = 600	441 + ☐ = 600
82 + 9 =	88 + ☐ = 94	53 − ☐ = 48	742 + ☐ = 800	602 + ☐ = 900
95 + 6 =	79 + ☐ = 86	46 − ☐ = 36	967 + ☐ = 1 000	798 + ☐ = 1 000

Ausflüge in Deutschland

```
Nr. 1
4 · 48 € = 192 € ✓
160, 32, 192
192 € + 119 € =
292, 302, ...
Die Fahrt kostet ...
```

Rechne möglichst viel im Kopf.

① Ralf und Erik fahren mit ihren Eltern nach Ulm. Die Busfahrt kostet pro Person 48 €. Für Essen und Trinken, Eintrittsgelder u. a. geben sie insgesamt noch 119 € aus.

Ulm

② Eine Klasse aus Greifswald (29 Schüler und Lehrerin) plant eine Hafenrundfahrt in Rostock. Die Busfahrt kostet 330 €, die Hafenrundfahrt 9 € pro Person.

③ Gisela fährt mit ihren Eltern nach Dresden. Die Reise kostet für die Erwachsenen je 128 €. Gisela zahlt nur den halben Preis. Für eine Fahrt auf der Elbe, Essen, Trinken ... zahlt die Familie noch 85 €.

④ Eine Sonderfahrt mit der Bundesbahn kostet pro Person 80 €. Der Kegelclub Hauruck bezahlt für seine Mitglieder 640 €.

⑤ Die Schüler der Heideschule aus Köln besuchen ihre Partnerschule in Berlin (Entfernung 560 km). Der Bus fährt 70 km in der Stunde.

Berlin

⑥ Frau Koch fährt mit ihren 3 Kindern nach Wuppertal. Die Fahrt kostet für Frau Koch 23 €, für jedes der Kinder 17 €. Für Zoobesuch, Fahrt mit der Schwebebahn, Getränke u. a. gibt Frau Koch noch 89 € aus.

⑦ Ulla und Karl-Heinz fahren mit ihren Eltern in den Europapark.

Auf dem Rückweg rechnen sie:
Eintritt für Erwachsene pro Person 27,–
Eintritt für Kinder pro Person 24,–
Essen und Trinken 38,–
Fahrtkosten 57,–

Mutter meint: „Gut, dass wir 200 € mitgenommen haben."

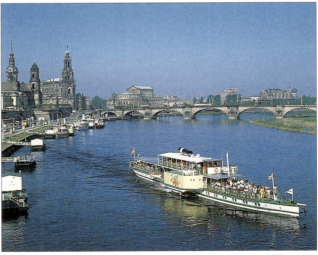
Dresden

Klasse 3: ISBN 978-3-619-35240-1, Seite 85

Hilfen zum Lösen von Sachaufgaben

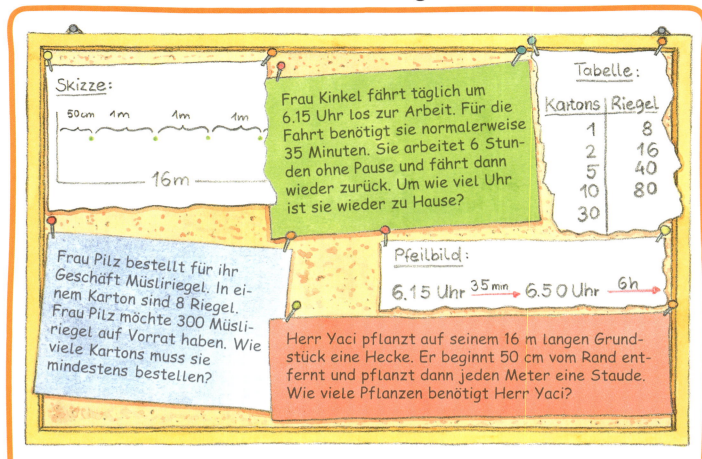

① Ordne die Lösungshilfen den Aufgaben zu. Löse dann die Aufgaben.

Löse die Aufgaben mit einer Lösungshilfe. **Vorsicht**! Manche Aufgaben kann man nicht lösen.

② Katrin denkt sich eine Zahl. Zuerst multipliziert sie mit 6, danach addiert sie 240. Zum Schluss dividiert sie die Zahl durch 90 und erhält 8.

③ Ralfs Eltern wandern gerne in den Bergen. Sie sind schon auf der 2 643 m hohen Zimba, auf dem 2 713 m hohen Watzmann und auf dem Piz Buin (3 312 m) gewesen. Wie weit sind Ralfs Eltern insgesamt gewandert?

④ Jonas ist heute 1,39 m groß. Seit seiner Geburt ist er 92 cm gewachsen. Wie groß war Jonas bei seiner Geburt?

⑤ Samira braucht jeden Tag 10 Minuten, um ihre beiden Zwerghasen zu füttern. Wenn sie den Stall ausmistet braucht sie 15 Minuten länger. Wie alt sind die beiden Hasen?

⑥ Julia vergleicht die Preise fürs Telefonieren. Beim ersten Anbieter kostet eine Minute 1,5 Cent. Beim zweiten Anbieter kann man für 4 Cent 3 Minuten sprechen. Julia rechnet die Kosten für ein 15-Minuten-Gespräch aus.

⑦ Herr Jäger hat einen 12 m hohen Baum gefällt. Er sägt ihn in Stücke von 2 m Länge. Wie oft muss Herr Jäger sägen?

52 Klasse 4: ISBN 978-3-619-45036-7, Seite 25

Sachsituationen – Rechnen in Tabellen

① Herr Schnell soll mit seinem Lkw 560 Pakete transportieren.
Eine Fahrt dauert mit Be- und Entladen etwa 1 Stunde. Bei einer
Fahrt kann er 80 Pakete transportieren. Herr Schnell beginnt um
7 Uhr mit der Arbeit. Von 12 bis 13 Uhr macht er Mittagspause.

Fragen: _____

_____

_____

Rechnung:

Antworten: _____

_____

_____

②

Anzahl der Zitronen	Anzahl der Netze
6	
12	
30	
48	8
60	

③

Anzahl der Bilder	Preis ct
5	
15	
30	
25	
10	500

④

Anzahl der Sträuße	Anzahl der Blumen
1	
3	
5	45
7	
10	

⑤

Nägel	Packungen
300	
180	3
	10
360	
	1

⑥ Herr und Frau Maurer fahren mit ihren drei Töchtern mit der Bahn nach Augsburg.
Für die Erwachsenen kostet die Fahrt pro Person 48 €, die Kinder bezahlen nur die Hälfte.
Wie viel kostet die Fahrt?

Rechnung:

Antwort: _____

Ergänze die fehlenden Zeichen.

⑦ ⑧ ⑨ ⑩

Klasse 3: ISBN 978-3-619-35276-0, Seite 23   53

Im Garten und im Haus

Arbeiten im Garten

Herr Berger gießt mit seiner Frau im Garten. Herr Berger hat eine Kanne, die 20 Liter fasst. Er füllt sie aus einem Fass, in dem 450 Liter Wasser sind. Frau Berger hat eine Kanne, die 15 Liter fasst. Sie füllt sie aus einem Fass, in dem 200 Liter Wasser sind.

a) Wie viele Kannen kann Herr Berger aus seinem Fass füllen?

b) Wie viele Liter Wasser bleiben in diesem Fass zurück?

c) Wie viele Kannen kann Frau Berger aus ihrem Fass füllen?

d) Wie viele Liter Wasser bleiben in diesem Fass zurück?

e) Kann mit dem restlichen Wasser aus beiden Fässern die Kanne von Herrn Berger oder die Kanne von Frau Berger vollständig gefüllt werden?

Helfen im Haus

Oma will Heizöl sparen und möglichst viel mit Holz heizen. Sie lässt sich ofenfertiges Holz liefern, das ihre Enkel Mareike, Boris, Elvira und Johannes in gleich großen Körben ins Haus tragen.
Mareike trägt 12 Körbe ins Haus.
Boris trägt doppelt so viele Körbe wie Mareike ins Haus.
Elvira trägt so viele Körbe wie Mareike und Boris zusammen ins Haus.
Johannes trägt halb so viele Körbe wie seine Geschwister zusammen ins Haus.

a) Wie viele Körbe trägt Boris ins Haus?

b) Wie viele Körbe trägt Elvira ins Haus?

c) Wie viele Körbe trägt Johannes in Haus?

d) Wie viele Körbe tragen alle Kinder zusammen ins Haus?

e) Ein Korb mit Holz wiegt 7 Kilogramm und ein Korb ohne Holz wiegt 2 Kilogramm. Wie schwer ist das Holz, das die Kinder ins Haus tragen?

Im Sägewerk

① Auf einem Langholzwagen werden gleich lange Baumstämme geliefert. Jeder dieser Baumstämme soll viermal so durchgesägt werden, dass Teilstücke von 2 Meter Länge entstehen. Nach Beendigung der Arbeit sind es 40 Teilstücke.

Wie viele Baumstämme waren es, und welche Länge hatte jeder von ihnen?

② Schmiedemeister Fengler muss ein Eisenrohr in 6 Teilstücke zersägen. Für jeden Sägevorgang braucht er 11 Minuten. Dazwischen macht er jeweils 3 Minuten Pause.

Wie lange braucht der Schmiedemeister Fengler, um das Eisenrohr in 6 Teilstücke zu zersägen?

③ Tischlermeister Eder zersägt mit einer Handsäge 5 Holzbalken in 30 Teilstücke gleicher Länge.

Wie viel Zeit braucht Tischlermeister Eder für seine Arbeit, wenn er für jeden Sägevorgang 4 Minuten und für das notwendige Polieren aller Teilstücke zusätzlich 20 Minuten einplant?

Sachsituationen – technische Daten vergleichen

① Vergleiche die technischen Daten von Airbus A 340 mit denen des A 380.

technische Daten	Airbus A 340	Airbus A 380 – 800	Unterschied
Länge	63,66 m	72,20 m	
Spannweite	60,30 m	79,80 m	
Höhe	16,91 m	24,10 m	
Kabinenbreite (-durchmesser)	5,40 m	6,58 m	
Reisegeschwindigkeit	870 km/h	1 030 km/h	
Reichweite	9 100 km	15 000 km	
Sitzplätze insgesamt	247 Sitze	853 Sitze	

② Vergleiche den Rumpfquerschnitt von A 340 mit dem von A 380.

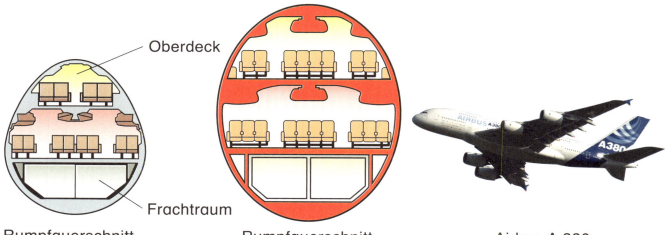

Rumpfquerschnitt Airbus A 340   Rumpfquerschnitt Airbus A 380   Airbus A 380 während des Erstfluges

③ 7 kg 50 g – 1 kg 333 g – 975 g – 2 kg 617 g

⑤ 10 kg – 1 250 g – 3 kg 66 g – 400 g

④ 9 066 g – 3 kg 90 g – 788 g – 2 kg 305 g

⑥ 8 609 g – 5 kg 17 g – 1 kg 3 g – 256 g

Von Einwohnerzahlen und altem Geld

① Grünstadt hat 17 035 Einwohner. 9 208 Einwohner sind weiblich. 3 520 Einwohner sind über 70 Jahre, 13 229 Einwohner sind unter 70 Jahre alt. 20 Jahre alt oder jünger sind 6 278 Einwohner.

Ergänze die Sätze.

a) 70 Jahre alt sind _____ E.

b) Älter als 20 Jahre sind _____ E.

c) 70 Jahre oder älter sind _____ E.

d) Männlich sind _____ E.

e) Älter als 20 Jahre und jünger als 70 Jahre sind _____ E.

Alte Geldstücke

Heller   Kreuzer   Batzen

Regeln für das Wechseln:

4 Heller = 1 Kreuzer

4 Kreuzer = 1 Batzen

Preisliste:

10 Eier	1 Heller
1 Krug Bier	1 Heller
1 Schoppen Wein	1 Heller
1 Ferkel	3 Kreuzer

② Was konnte man vor etwa 600 Jahren für einen Kreuzer kaufen? Suche möglichst viele Beispiele.

_____

_____

_____

③ Was hätte eine Hausfrau damals für einen Batzen kaufen können?

_____

_____

_____

④ Krämer Wilfried kaufte 50 Eier und 12 Krüge Bier. Wie konnte er bezahlen? Versuche alle 6 Möglichkeiten zu finden.

_____

_____

_____

Körper und Kunst

① Bei der Kunstprojektwoche haben Schüler Figuren aus Zement hergestellt. Welche Körperformen kannst du entdecken?

② Sammle Verpackungen, bei denen du die Körperformen entdecken kannst. Baue daraus Figuren, z. B. einen Roboter.

③ Ordne den Körpern ihre Namen zu.

④ Untersuche die Körper. Wie viele Ecken, Kanten und Flächen haben sie?

⑤ Wie viele Kanten stoßen jeweils in einer Ecke zusammen?

⑥ Ein Käfer läuft alle Kanten eines Würfels entlang. Eine Kante ist 30 cm lang.

⑦ Maxi baut aus einem 66 cm langen Draht eine Pyramide mit gleich langen Kanten. Für die Ecken benötigt Maxi 10 cm des Drahtes.

Körperrätsel

⑧ Ich denke mir einen Körper. Er hat 5 Ecken. An einer Ecke stoßen 4 Kanten zusammen. Wie heißt der Körper?

⑨ Ich denke mir einen Körper. Er hat zwei Kreisflächen und keine Ecke. Wie heißt der Körper?

⑩ Erfinde weitere Körperrätsel.

Körpernetze

Welches Netz gehört zu welchem Körper? Verbinde.

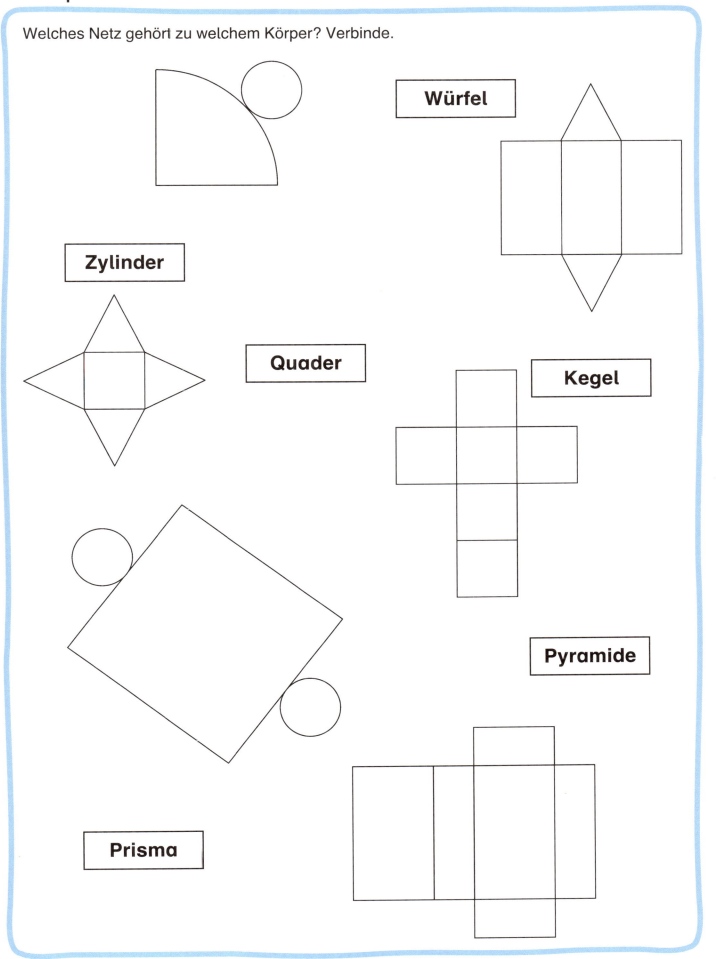

Körperformen – Netze – Baupläne

① Trage die Namen der Körper und die Buchstaben der entsprechenden Netze in die Tabelle ein.

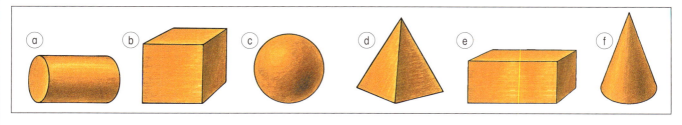

	Name des Körpers	Netz
a		
b		
c		
d		
e		
f		

② Zu welchen Körpern gehören diese Teile?

   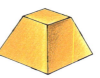 

③ Wie viele Würfel? Welcher Bauplan passt?

a)

1	2	2
1	3	3
1	2	2

b)

2	2	1	2	3
2	2	1	2	3

c)

3	3	3	3
2			2
1			1

d)

1	1	1	1
2	2	2	2
3	3	3	3

e)
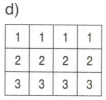

2	2	2	2	2
2	2	2	2	2

Ⓖ Würfel: ____
Bauplan: ____

Ⓗ Würfel: ____
Bauplan: ____

Ⓘ Würfel: ____
Bauplan: ____

Ⓙ Würfel: ____
Bauplan: ____

Ⓚ Würfel: ____
Bauplan: ____

Optische Täuschungen

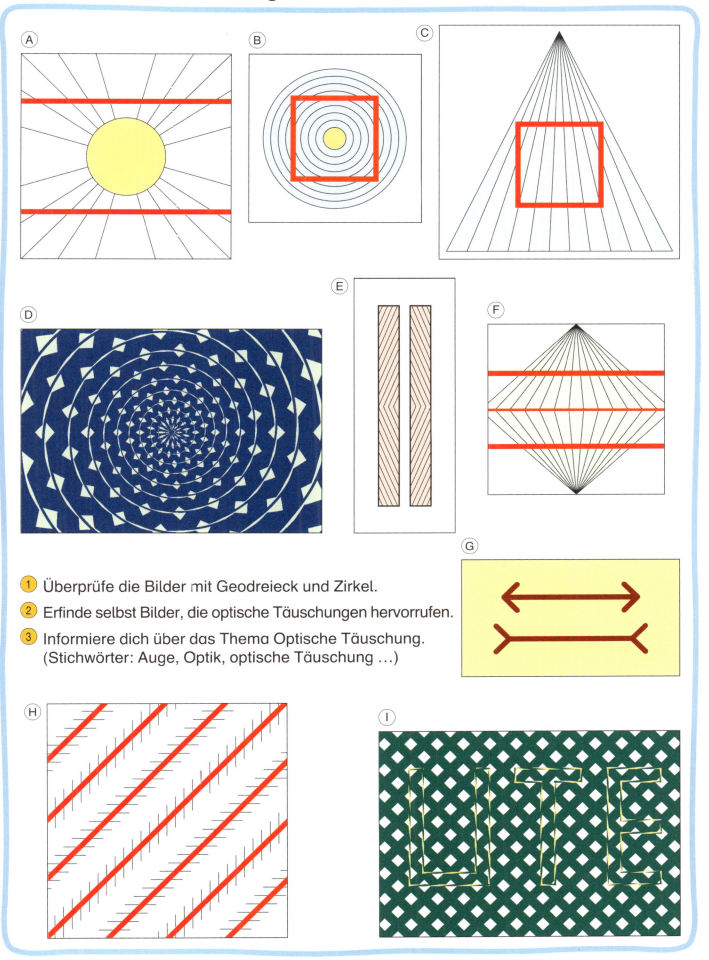

1. Überprüfe die Bilder mit Geodreieck und Zirkel.
2. Erfinde selbst Bilder, die optische Täuschungen hervorrufen.
3. Informiere dich über das Thema Optische Täuschung. (Stichwörter: Auge, Optik, optische Täuschung …)

Klasse 4: ISBN 978-3-619-45270-5, Seite 54

Optische Täuschungen

Was fällt dir auf? Überprüfe mit Lineal/Geodreieck und Zirkel.

1)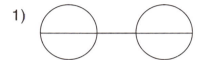

2)

3)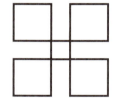

4) 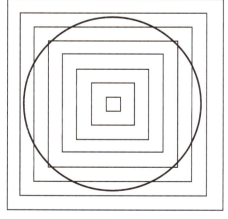   5)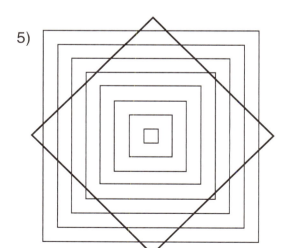

Klasse 3 u. 4: ISBN 978-3-619-01570-2, AB 153

Experimentieren mit dem Spiegel

① Setze den Spiegel jeweils auf die rot eingezeichneten Linien. Vergleiche.

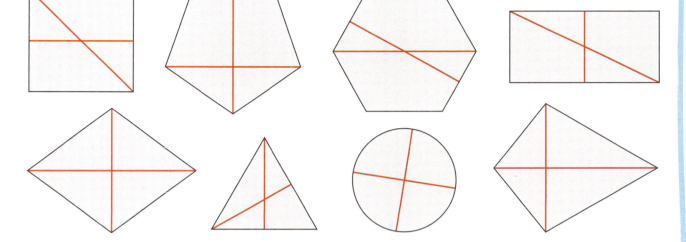

② Wie heißen die Wörter?

Welche dieser Buchstaben haben eine oder mehrere Symmetrieachsen?
③ Untersuche die Großbuchstaben des ABC in Druckschrift.

Zeichne jeweils den Buchstaben, die Symmetrieachse und das Spiegelbild.
④ Spiegele die Buchstaben von verschiedenen Seiten.

⑤ Spiegele andere Buchstaben auf mehrere Arten und zeichne sie.

Klasse 3: ISBN 978-3-619-35240-1, Seite 39   63

Rosetten und Ornamente

① Das ist der Kreuzgang des Klosters Hauterive bei Fribourg in der Schweiz. Suche in der Abbildung des Kreuzganges nach Dreipässen, Vierpässen und Fünfpässen.

② Wie viele Dreipässe und Vierpässe kannst du in dem Kirchenfenster entdecken?

③ Finde in eurer Umgebung ähnliche Muster und Ornamente.

④ Erkläre die Begriffe Radius, Durchmesser, Mittelpunkt, Kreislinie, Kreisfläche und ordne sie den Buchstaben A bis E zu.

⑤ Zeichne Kreise mit dem Radius r.
   a) r = 3 cm   b) r = 7 cm   c) r = 1 cm
   d) r = 4,3 cm   e) r = 2,7 cm   f) r = 5,4 cm

⑥ Zeichne Kreise mit dem Durchmesser d.
   a) d = 8 cm   b) d = 7 cm   c) d = 3 cm
   d) d = 4,6 cm   e) d = 6,4 cm   f) d = 5,8 cm

⑦ Zeichne einen Vierpass und erkläre deine Konstruktionsweise. **Tipp**: Beginne mit einem Quadrat als Hilfsfigur.

⑧ Versuche auch einen Dreipass und einen Sechspass zu zeichnen. Welche Hilfsfiguren eignen sich hierzu?

⑨ Das sind zwei Fußbodenmosaike aus Kirchen. Überlege, wie die Muster entworfen wurden und versuche, sie möglichst genau nachzuzeichnen. Verwende Zirkel und Geodreieck.

⑩ Pauline hat den Ausschnitt eines Fußbodenmosaiks nachgezeichnet und folgende Konstruktionsbeschreibung aufgeschrieben.

a) Zeichne das Mosaik nach Paulines Beschreibung.
b) Setze das Mosaik zu einem Muster fort.

- Zeichne ein Quadrat mit der Seitenlänge 4 cm.
- Kennzeichne den Mittelpunkt des Quadrats und zeichne um ihn einen Kreis mit r = 2 cm.
- Zeichne nun um jede Ecke des Quadrats einen Viertelkreis mit r = 2 cm.
- Zeichne zum Schluss die kleinen Quadrate ein.

Lagebeziehungen

Was fehlt? Zeichne ein.

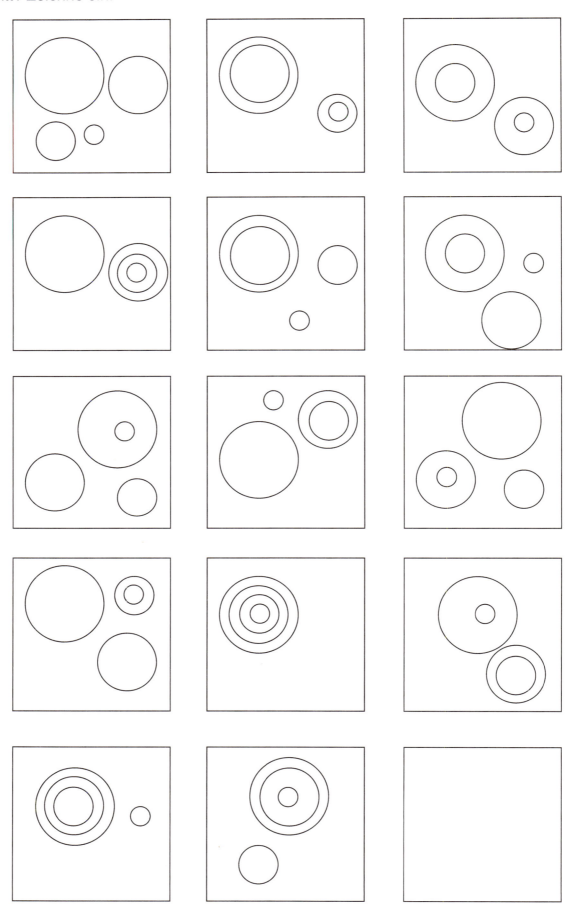

Eine Kirche von verschiedenen Seiten betrachten

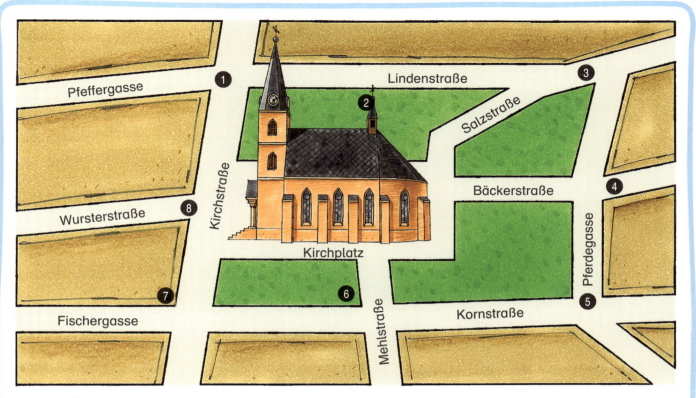

① Von welchem der Standpunkte ❶ bis ❽ wurden die Bilder Ⓐ bis Ⓕ gemalt?

Bild A von ? aus
Bild B...

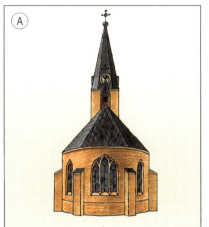
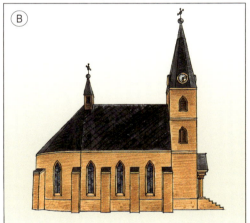
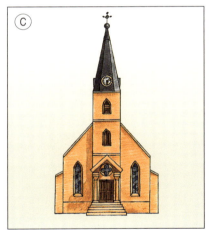

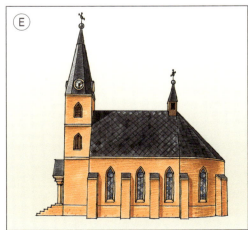

Klasse 4: ISBN 978-3-619-45270-5, Seite 27

Ägyptische und römische Zahlen

① Ahib, der Ägypterjunge, schrieb vor etwa fünftausend Jahren die Anzahl der Pyramiden, Sklaven, Palmen und Kamele so auf:

② Die alten Ägypter rechneten schon mit sehr großen Zahlen. Sie benutzten als Ziffern Bildzeichen (Hieroglyphen).

 Eine Einkerbung in einem Kerbholz wurde die Zahl 1.

 Das Joch der Ochsengespanne wurde für die Zahl 10 genommen.

 Das Maßband der Landvermesser erhielt den Zahlenwert 100.

 Die göttliche Blume der alten Ägypter war die Lotosblüte. Sie wurde zum Zeichen für die Zahl 1 000.

 Die zahllosen Schilfkolben an den Ufern des Nils wurden das Zeichen für die Zahl 10 000.

 Da der Nil-Frosch eine gefürchtete Landplage war, wurde die Kaulquappe zum Zeichen für die Zahl 100 000.

③ Schreibe diese Zahlen mit unseren Ziffern.

④ Schreibe mit ägyptischen Zeichen: 63, 120, 500, 4 321, 73 050, 342 179.

⑤ Wie viele Zeichen (Ziffern) benötigt man für die Zahl 99 999 in der ägyptischen und in unserer Schreibweise?

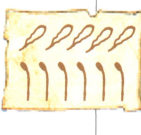

Auf Briefmarken, Gebäuden und in alten Büchern finden wir heute noch römische Zahlen.

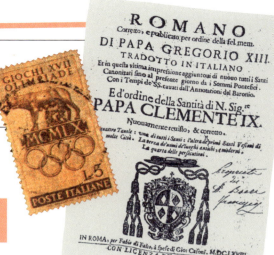

Die Römer verwendeten vor 2 000 Jahren zum Schreiben von Zahlen diese Zahlzeichen:

I	1
X	10
C	100
M	1 000
V	5
L	50
D	500

REGELN

① Jedes der Zeichen I, X, C darf höchstens dreimal in einer Zahl nebeneinander vorkommen.

② Jedes der Zeichen V, L und D darf in einer Zahl nur einmal vorkommen.

③ Wenn I, X oder C vor einem Zeichen mit größerem Wert steht, wird subtrahiert.

BEISPIELE

III = 3
XXXIX = 30 + 9
CCCXC = 300 + 90

XV = 10 + 5
LV = 50 + 5
DLV = 500 + 50 + 5

IV = 5 − 1
XL = 50 − 10
CD = 500 − 100

① Ordne die römischen Zahlen unseren („arabischen") zu.

② Schreibe die römischen Zahlen von 1 bis 20 und die Zehnerzahlen bis 100.

③ Schreibe mit römischen Zahlzeichen:
a) 36 b) 99 c) 285 d) 246 e) 1 619 f) 1 988 g) 2 000.

④ Schreibe die Zahlen **dreitausendsechshundertsiebenundachtzig** und **eintausendfünf** mit unseren Ziffern, mit ägyptischen und mit römischen Zahlzeichen.
Wie viele Zeichen benötigst du jeweils?

⑤ Suche in deiner Umgebung römische Zahlen.

Die Geheimschrift des Polybios

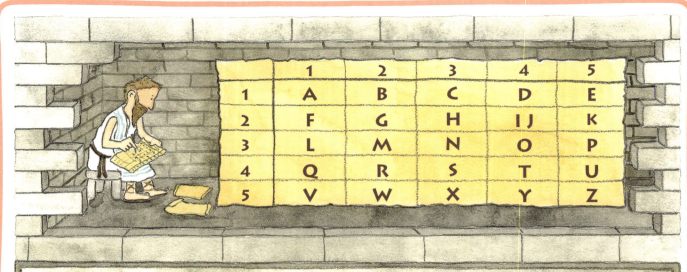

VOR ÜBER 2000 JAHREN GERIET DER GRIECHE POLYBIOS IN RÖMISCHE GEFANGENSCHAFT. DAMIT DIE FEINDE SEINE BOTSCHAFTEN NACH GRIECHENLAND NICHT LESEN KONNTEN, ERFAND ER EINE GEHEIMSCHRIFT.

SO KONNTE POLYBIOS GEHEIME NACHRICHTEN NACH HAUSE SENDEN. IN SEINER GEHEIMSCHRIFT WIRD JEDER BUCHSTABE DES ALPHABETS DURCH EINE ZWEISTELLIGE ZAHL DARGESTELLT. ZUM BEISPIEL: M=32 T=44

① Erklärt, wie die Zahlen für die Buchstaben gebildet werden.

② Schreibe deinen Namen mit den passenden Zahlen auf:
Beispiel: Mathetiger = 32 11 44 23 15 44 24 22 15 42

③ Entschlüssle die Botschaft von Polybios.

52 24 42 21 31 24 15 23 15 33 24 33 14 15 42 33 11 13 23 44

④ Entwirf selbst eine Botschaft in der Geheimschrift des Polybios.

Polybios fand seine Geheimschrift bald zu einfach, weil sie leicht entschlüsselt werden könnte. Deshalb änderte er seine Tabelle.

	1	2	3	4	5
6	A	B	C	D	E
7	F	G	H	IJ	K
8	L	M	N	O	P
9	Q	R	S	T	U
0	V	W	X	Y	Z

	1	2	3	4	5
1	E	D	C	B	A
2	K	J	I	H	G	F
3	P	O	N	M	L
4	U	T	S	R	Q
5	Z	Y	X	W	V

⑤ Untersuche die neuen Tabellen und erkläre, was Polybios geändert hat.

⑥ Ändere deine Botschaft von Aufgabe 4 in die Geheimschrift einer neuen Tabelle.

⑦ Ändere die Tabellen so, dass neue Geheimschriften entstehen. Schreibe Botschaften in der neuen Geheimschrift. Überlege, wie du dem Leser der Botschaft auch die richtige Tabelle zukommen lässt.

Das Sieb des Eratosthenes

DER GRIECHISCHE MATHEMATIKER ERATOSTHENES (GEB. 284 V. CHR., GEST. 202 V. CHR) HAT EIN „ZAHLENSIEB" ERFUNDEN, DAS SO FUNKTIONIERT:

- IN EINEM HUNDERTERQUADRAT STREICHE MAN DIE 1 DURCH.
- DIE 2 LASSE MAN STEHEN, STREICHE ABER ALLE VIELFACHEN VON 2.
- DIE 3 LASSE MAN STEHEN, STREICHE ABER ALLE VIELFACHEN VON 3.
- DIE 5 LASSE MAN STEHEN, STREICHE ABER ALLE VIELFACHEN VON 5.
- DIE 7 LASSE MAN STEHEN, STREICHE ABER ALLE VIELFACHEN VON 7.

Zahlen, die nur 1 und sich selbst als Teiler haben, nennt man Primzahlen.

① „Siebe" die Zahlen in einem Hunderterfeld nach der Anleitung von Eratosthenes.

② Finde zu den Zahlen, die nicht durchgestrichen sind, ihre Teiler. Was stellst du fest?

③ Untersuche diese Zahlen, ob sie Primzahlen sind.

a) 73   e) 101
b) 79   f) 117
c) 81   g) 159
d) 97   h) 173

EIN ZAHLENTRICK

④ Denke dir eine zweistellige Zahl. Bilde von dieser Zahl die Quersumme. Subtrahiere diese Quersumme von deiner gedachten Zahl. Schreibe dir das Ergebnis auf. Wiederhole das mit anderen Zahlen. Was fällt dir an den Ergebnissen auf?
Beispiel: Gedacht 54   5 + 4 = 9   54 − 9 = **45**

⑤ Mit diesem Zahlentrick kannst du dich als Rechenkünstler vorstellen. Bitte jemanden, sich eine zweistellige Zahl auszudenken. Nun soll er wie bei Aufgabe 4 die Quersumme von seiner Zahl subtrahieren, das Ergebnis aber nicht sagen. Frage, welchen Zehner die zuerst gedachte Zahl hat. Schaue deinem Partner tief in die Augen und sage ihm das Ergebnis.

Lösung: Ist der Zehner 1, ist das Ergebnis 9, ist der Zehner 2, ist das Ergebnis 18 usw. *(auf dem Kopf gedruckt)*

Entscheide ohne schriftliche Division, ob die Zahlen ohne Rest teilbar sind:

⑥ durch 2	⑦ durch 4	⑧ durch 5	⑨ durch 3	⑩ durch 9	⑪ durch 6
385	836	490	123	123	450
236	526	552	345	345	663
294	372	661	567	567	936
667	990	805	789	789	999

Klasse 4: ISBN 978-3-619-45036-7, Seite 77

Berühmte Mathematiker – Leonardo von Pisa

LEONARDO VON PISA

lebte vor etwa 800 Jahren. Sein Vater Bonaccio war ein reicher Kaufmann. Deshalb konnte er seinen Sohn auf eine gute Schule schicken. Dort lernte Leonardo das Rechnen mit indischen Zahlen, was nicht viele Leute beherrschten.

FIBONACCI, wie Leonardo auch genannt wurde, schrieb ein Buch über die Rechenkunst. Das Buch hieß LIBER ABACI. Aber nur wenige Menschen konnten es damals verstehen.

Er erfand die FIBONACCI-ZAHLEN. Auf dem Fries siehst du diese berühmten Zahlen.

0, 1, 1, 2, 3, 5, 8, 13, 21, 34, 55, 89, 144 ...

① Finde heraus, wie Fibonacci die Reihe aufgebaut hat.

② Wie sieht die Fibonacci-Reihe aus, wenn du mit der Zahl 2 (3, 4, 5) beginnst? Rechne so weit du kannst.

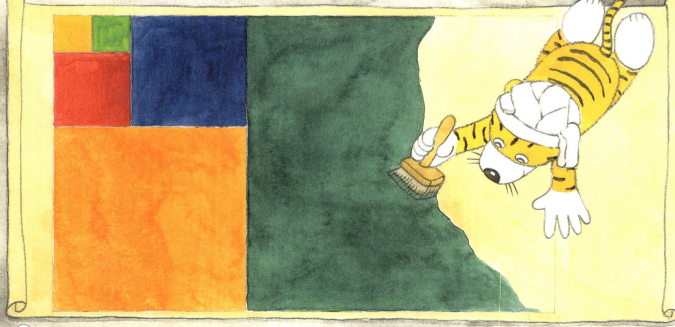

③ Miss die Kantenlänge des gelben und des hellgrünen Quadrates. Miss nun die Kantenlänge des roten Quadrats, dann des blauen und des orangefarbenen Quadrats, zum Schluss die Kantenlänge des grünen Quadrats.
Vergleiche die Kantenlängen mit der Fibonacci-Reihe.

④ Zeichne die Quadrate ab und setze die Folge so weit wie möglich fort. Nenne die größte Kantenlänge, die du auf deinem Papier zeichnen kannst.

Berühmte Mathematiker – Carl Friedrich Gauß

Carl Friedrich Gauß wurde im Jahre 1777 in Braunschweig geboren. Er war ein genialer Mathematiker, der sich in vielen Gebieten der Mathematik auskannte. Gauß war bekannt dafür, dass er die kompliziertesten Rechnungen im Kopf durchführen konnte. Er glaubte von sich, dass er das Rechnen vor dem Sprechen gelernt habe. Sein Lehrer, Herr Büttner, erkannte schon früh die Begabung von Carl Friedrich. Er stellte der Klasse die Aufgabe, alle Zahlen von 1 bis 100 zu addieren. Schon nach wenigen Minuten hatte der damals achtjährige Carl Friedrich Gauß die Aufgabe gelöst. Der Lehrer beschaffte Mathematikbücher für Carl Friedrich und sorgte dann dafür, dass er das Gymnasium besuchen konnte.

$$1 + 2 + 3 + 4 + 5 + 6 + 7 + 8 + 9 + 10 =$$
$$10 + 9 + 8 + 7 + 6 + 5 + 4 + 3 + 2 + 1 =$$

① Addiere die Zahlen von 1 bis 10.

② Addiere nun immer die beiden übereinanderstehenden Zahlen. Was stellst du fest?

③ Ermittle die Summe aller Spalten mit einer Multiplikation. Vergleiche dein Ergebnis mit der Lösung von Aufgabe 1.

④ Erkläre nun, wie der junge Gauß seine Lösung für die Summe der Zahlen von 1 bis 100 gefunden hat und rechne das Ergebnis geschickt aus.

⑤ Addiere auf dieselbe Weise wie Carl Friedrich Gauß die Zahlen
a) von 1 bis 20   b) von 1 bis 50
c) von 11 bis 20   d) von 25 bis 75.

⑥ Würfle mit zwei normalen Würfeln 50-mal und addiere die beiden Zahlen nach jedem Wurf. Halte in einer Strichliste fest, wie oft jedes Ergebnis vorkommt.

⑦ Welche Summen kommen am häufigsten, welche seltener vor? Erkläre, warum das so ist.

⑧ Stelle dein Ergebnis mit einem Balkendiagramm dar. Verbinde die oberen Enden der Balken.

⑨ Vergleiche dein Balkendiagramm mit der „Glockenkurve" von Gauß. Was stellst du fest?

Carl Friedrich Gauß hat die **Glockenkurve** entdeckt. Mit ihr zeigt er z. B., dass beim Würfelexperiment die Summen 6, 7 und 8 viel häufiger vorkommen, als die Summen 2, 3 und 11, 12. Gauß war so berühmt, dass er auf Briefmarken, Münzen und Geldscheinen abgebildet wurde.

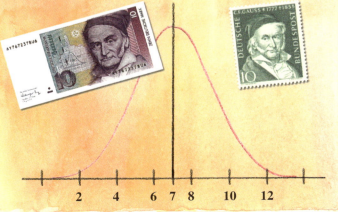

Dinosaurier

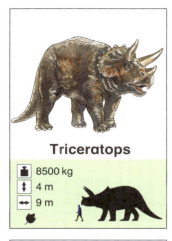
Triceratops
- 8500 kg
- 4 m
- 9 m

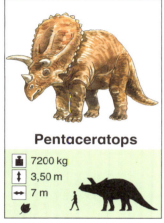
Pentaceratops
- 7200 kg
- 3,50 m
- 7 m

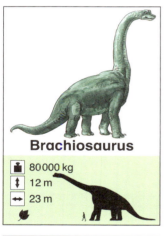
Brachiosaurus
- 80 000 kg
- 12 m
- 23 m

① Betrachte die Darstellungen der verschiedenen Saurier und vergleiche.

② Die Kennzeichnungen unter den Abbildungen bieten folgende Informationen:

Gewicht · Rückenhöhe · Länge · Pflanzenfresser · Fleischfresser

③ Suche aus den Abbildungen das Gewicht des leichtesten und des schwersten Dinosauriers heraus.

④ Ordne die Saurier nach dem Gewicht. Beginne mit dem leichtesten Saurier.

⑤ Ein Pkw wiegt etwa 1000 kg. Vergleiche jeweils mit dem Gewicht der Saurier.

	Gewicht	Anzahl der Pkw
Ichthyosaurus	1000 kg	1
Tyrannosaurus		
Triceratops		
Brachiosaurus		
Ceratosaurus		
Apatosaurus		

Apatosaurus
- 30 000 kg
- 8 m
- 20 m

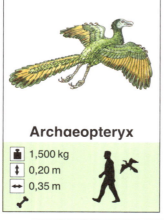
Archaeopteryx
- 1,500 kg
- 0,20 m
- 0,35 m

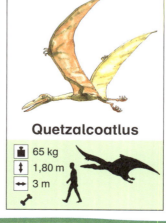
Quetzalcoatlus
- 65 kg
- 1,80 m
- 3 m

Dilophosaurus
- 1000 kg
- 3 m
- 6 m

⑥ Ordne die Saurier nach der Rückenhöhe.
Beginne mit dem größten Saurier.

⑦ Ordne die Saurier nach ihrer Länge.
Beginne mit dem kleinsten Saurier.

⑧ Stelle Länge und Rückenhöhe der Saurier
mit Papierstreifen dar.

⑨ Stelle die Länge der längsten Saurier
auf dem Schulhof dar.

⑩ Welche Saurier würden in ein Klassenzimmer passen?

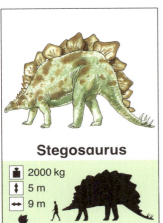

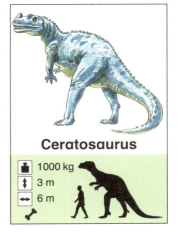

Ceratosaurus
- 1000 kg
- 3 m
- 6 m

Tyrannosaurus
- 7000 kg
- 7 m
- 13 m

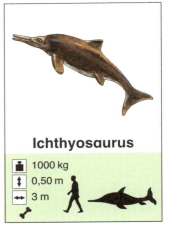

Ichthyosaurus
- 1000 kg
- 0,50 m
- 3 m

⑪ Was sagen die Karten über das Größenverhältnis zwischen Mensch und Saurier?

⑫ Saurier waren Pflanzenfresser oder Fleischfresser.
Die Zeichen 🍃 und 🦴 geben die Zuordnung an.
Ordne die Saurier nach Pflanzen- und Fleischfressern.

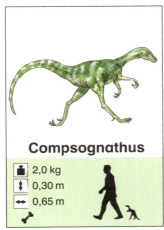

Stegosaurus
- 2000 kg
- 5 m
- 9 m

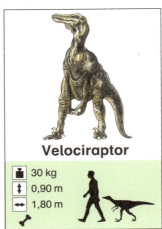

Compsognathus
- 2,0 kg
- 0,30 m
- 0,65 m

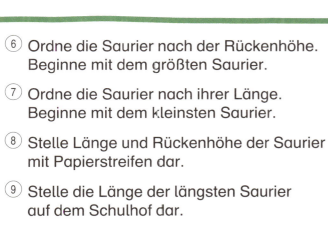

Velociraptor
- 30 kg
- 0,90 m
- 1,80 m

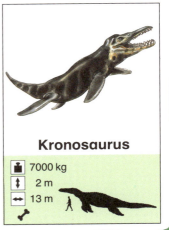

Kronosaurus
- 7000 kg
- 2 m
- 13 m

Klasse 3: ISBN 978-3-619-35270-8, Seite 121

Gesunde Kinder

Beim Projekttag „Gesunde Kinder" wurden genau 100 Mädchen und 100 Jungen im Alter von 6 bis 10 Jahren gefragt, wie oft sie Sport treiben und wie oft sie im Freien spielen. Ihre Antworten sind mit Balkendiagrammen dargestellt.

① Untersuche die Balkendiagramme. Was kannst du alles ablesen?

② Stimmen die Aussagen? Überprüfe mit den Balkendiagrammen.

  a) Viele Kinder spielen nie im Freien.
  b) Die meisten Jungen und Mädchen spielen fast täglich im Freien.
  c) Im Freien spielen die Kinder am liebsten Verstecken.
  d) Die meisten Jungen treiben selten Sport.
  e) Doppelt so viele Jungen wie Mädchen treiben täglich Sport.
  f) Von 100 Mädchen treiben 60 Mädchen 1- bis 5-mal Sport pro Woche.

③ Das Herz eines 10-jährigen Kindes schlägt in Ruhelage etwa 90-mal pro Minute.

  a) Miss deinen Puls eine Minute lang und rechne mithilfe einer Tabelle aus, wie oft dein Herz in 10 Minuten, in einer Stunde und am Tag schlägt.
  b) Mache 10 Kniebeugen und miss deinen Puls nochmals eine Minute lang. Um wie viel Schläge ist dein Puls erhöht?
  c) Rechne aus, wie viele Schläge dein Herz jetzt in 10 Minuten und in einer Stunde schlagen würde.

Klasse 4: ISBN 978-3-619-45036-7, Seite 78

Wir befragen andere Kinder

① Führe in deiner Schule eine Befragung von genau 20 (25 oder 50) Mädchen und gleich vielen Jungen von Klasse 1 bis 4 durch. Stelle diese Fragen:

a) Wie oft spielst du (alleine oder mit Freunden) im Freien?

b) Wie oft treibst du in deiner Freizeit Sport? Dabei spielt es keine Rolle ob im Verein, alleine oder mit Freunden.

Haltet das Ergebnis getrennt nach Jungen und Mädchen mit Strichen in einer Tabelle fest.

② Verändere deine Ergebnisse so, als ob du immer 100 Mädchen und 100 Jungen befragt hätte. Wenn du 20 Mädchen/Jungen befragt hast, musst du deine Ergebnisse mit 5 multiplizieren, waren es 25 musst du mit 4 multiplizieren. Waren es 50 Mädchen/Jungen, musst du das Ergebnis verdoppeln.

③ Stelle deine veränderten Ergebnisse mit einem Balkendiagramm dar. Zeichne für jeweils 10 Kinder 1 cm Balkenlänge.

④ Stelle dein Ergebnis der Klasse vor und erkläre, was du herausgefunden hast.

⑤ Vergleiche dein Ergebnis mit dem Ergebnis der Befragung auf Seite 76. Wo gibt es Gemeinsamkeiten, wo gibt es Unterschiede?

⑥ Überlege, warum einige Kinder nie im Freien spielen oder nie Sport treiben. Wie könnte man diese Kinder anregen, Freude an Sport und Spiel zu finden?

⑦ Beim Sponsorenlauf der Grundschule Geweke erzielten die Klassen diese Ergebnisse. Zeichne ein Balkendiagramm (1 km Laufleistung entspricht einem Millimeter Balkenlänge).

⑧ An was könnte es liegen, dass die Klassen so unterschiedliche Ergebnisse haben?

⑨ a) Welche Klassenstufe hatte die meisten Kilometer erzielt?

b) Wie viel Kilometer liefen alle Schülerinnen und Schüler zusammen?

⑩ Für jeden Laufkilometer erhielten die Kinder durchschnittlich 2,50 € von den Sponsoren. Wie viel Geld haben die einzelnen Klassen und die ganze Schule erhalten?

Mathetigers Kopfgymnastik

① Die Hälfte aller Obststücke sind Äpfel, ein Viertel sind Birnen. Außerdem sind noch 2 Bananen und 4 Orangen in der Obstschale. Wie viele Obststücke sind es insgesamt?

② Die Zahlenkombination von Steffis Fahrradschloss hat 3 Stellen. Sie kann sich nicht an die richtige Zahl erinnern. Sie weiß aber, dass die Zahl aus einer 1, einer 3 und einer 6 besteht. Welche Möglichkeiten muss sie probieren?

③ Im Schulhaus liegen 3 Sportbeutel. Finde heraus, welchem Kind welcher Beutel gehört.
- Der Beutel mit den Raketen gehört einem Jungen.
- Anna ist zwei Klassen unter Tina.
- Auf einer Tasche sind bunte Luftballons.
- Der Erstklässlerin gehört der Turnbeutel mit den blauen Streifen.
- Ralf geht in die 4. Klasse.

④ Welche Zahl erhältst du, wenn du alle Zahlen addierst, die man nicht sehen kann?

⑤ Baue die Figur mit Hölzchen nach.
  a) Lege 2 Hölzchen so um, dass du 4 Dreiecke erhältst.
  b) Lege 2 Hölzchen so um, dass du 2 gleich große Vierecke und 1 Dreieck erhältst.
  c) Lege 3 Hölzchen so um, dass du 5 Dreiecke erhältst.

Teilbarkeit von Zahlen

Öffnen einer Schatztruhe

Um die Schatztruhe zu öffnen, braucht man einen Schlüssel. Zehn Schlüssel hängen an einem Brett. Die Schatztruhe lässt sich aber nur öffnen, wenn man den richtigen Schlüssel verwendet. An jedem Schüssel hängt an einem kleinen Schild eine Zahl.

1. Der Schlüssel öffnet nur dann die Schatztruhe, wenn die anhängende Zahl durch 10 teilbar ist.
2. Der Schlüssel öffnet nur dann die Schatztruhe, wenn die anhängende Zahl auch durch 3 teilbar ist.
3. Der Schlüssel öffnet nur dann die Schatztruhe, wenn die anhängende Zahl auch durch 6 teilbar ist.
4. Der Schlüssel öffnet nur dann die Schatztruhe, wenn die anhängende Zahl auch durch 9 teilbar ist.

Welche Zahl hat der richtige Schlüssel?

Antwort

Nur der Schlüssel mit der Zahl ____ öffnet die Schatztruhe.

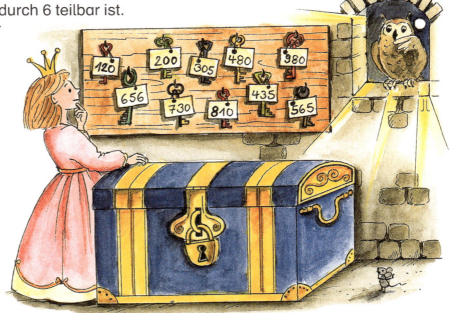

Öffnen eines Tresors

Von diesen sieben Tresoren enthält nur einer Wertvolles, die anderen sind leer. Um den richtigen Tresor zu öffnen, braucht man eine Zahl. Sieben Zahlen sind möglich. Der Tresor lässt sich aber nur öffnen, wenn man die richtige Zahl eingibt.
Die Zahl für das Kombinationsschloss muss folgende Bedingungen erfüllen:

1. Die Zahl muss durch 2 teilbar sein.
2. Die Zahl muss durch 3 teilbar sein.
3. Die Zahl muss durch 6 teilbar sein.
4. Die Zahl muss durch 8 teilbar sein.
5. Die Zahl muss durch 9 teilbar sein.

Welche Zahl erfüllt alle Bedingungen?

Antwort

Nur der Tresor ____ mit der Zahl ____ lässt sich öffnen.

Zahlenfolgen und Gleichungen zum Knobeln

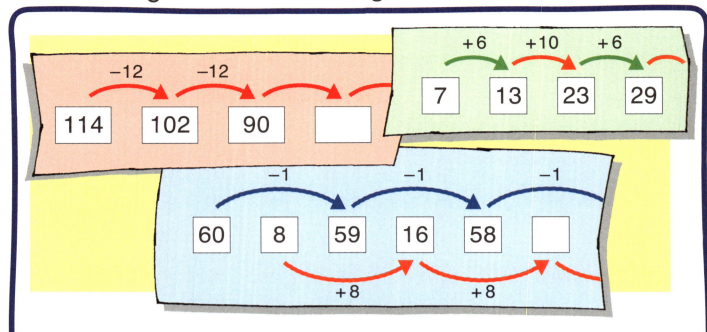

Rechne mindestens bis zur angegebenen Zahl.

1. 114, 102, 90, … bis 6
2. 526, 533, 540, … bis 582
3. 695, 665, 635, … bis 455
4. 381, 375, 369, … bis 333
5. 800, 825, 850, … bis 1000
6. 765, 773, 781, … bis 829
7. 7, 13, 23, 29, 39, … bis 87
8. 100, 91, 87, 78, 74, … bis 26
9. 66, 74, 71, 79, 76, … bis 91
10. 7, 12, 27, 32, 47, … bis 107
11. 27, 17, 34, 24, 48, … bis 244
12. 1, 2, 4, 8, 16, … bis 1024
13. 60, 8, 59, 16, 58, 24, … bis 48
14. 5, 10, 11, 22, 23, 46, … bis 382
15. 80, 79, 77, 74, 70, 65, … bis 14
16. 7, 9, 14, 18, 21, 27, … bis 54
17. 28, 40, 23, 51, 18, 62, … bis 95
18. 10, 5, 20, 10, 40, 20, … bis 160

Ordne die Zahlen so, dass Zahlenfolgen entstehen.
Setze die Folgen dann fort (mindestens noch 6 Zahlen).

19. 943, 929, 957, 922, 950, 936
20. 50, 9, 100, 27, 400, 18, 200
21. 900, 72, 700, 71, 73, 800, 70
22. 99, 14, 77, 66, 7, 28, 88

Schreibe die Gleichungen mit Zahlen in dein Heft. Gleiche Form bedeutet gleiche Zahl.

29. Erfinde weitere Zahlenfolgen und Gleichungen.
Gib sie deinem Partner zum Knobeln. Viel Spaß!

Beim Einkaufen

Aufgabe 176

In einer Zoohandlung kostet 1 kg Hundefutter 8 €, 1 kg Katzenfutter 9 €, 1 kg Vogelfutter 11 € und 1 kg Fischfutter 12 €.

a) Wie teuer sind 800 g Hundefutter?

E: _____

b) Wie teuer sind 700 g Katzenfutter?

E: _____

c) Wie teuer sind 900 g Vogelfutter?

E: _____

d) Wie teuer sind 300 g Fischfutter?

E: _____

Aufgabe 177

In einem Supermarkt kostet eine Dose Erbsen 0,87 €, eine Dose Karotten 0,73 € und eine Dose Bohnen 0,95 €.

a) Welcher Preis muss für 1 Dose Erbsen und 1 Dose Karotten bezahlt werden?

E: _____

b) Welcher Preis muss für 1 Dose Erbsen und 1 Dose Bohnen bezahlt werden?

E: _____

c) Welcher Preis muss für 1 Dose Karotten und 1 Dose Bohnen bezahlt werden?

E: _____

Mathetigers Kopfgymnastik

① Großmutter Rieß erzählt: „Meine Tochter und ich sind zusammen 110 Jahre alt, meine Tochter und meine Enkelin sind zusammen 58 Jahre alt und meine Enkelin und ich sind zusammen 84 Jahre alt."
Wie alt ist jede der Frauen?

5	7	2						
						9	8	5
			6	3	5		4	
				7		5	6	3
9			2		8			7
1	5	7		4				
	9		8	2	1			
2	3	5						
						2	7	4

② Trage in das Sudoku die Ziffern 1 bis 9 so in die leeren Felder ein, dass jede der Ziffern in jeder Zeile, in jeder Spalte und in jedem kleinen Quadrat genau einmal steht.

③ Lege aus den Teilen der Beilage 4* ein Quadrat, ohne dass ein Teil übrig bleibt. Klebe das Quadrat in dein Heft.

④ Beyza und ihre 5 Freunde wollen die Pizza gerecht teilen. Jedes Stück soll gleich groß sein. Löse die Aufgabe mithilfe eines Zirkels und eines Lineals.

⑤ Sieben Schnecken haben an einem Schneckenrennen teilgenommen.
Die Ergebnisse der Laufzeiten waren:
46 Minuten, eine halbe Stunde, 35 Minuten, 20 Minuten, 25 Minuten, 53 Minuten, 10 Minuten weniger als eine Stunde. Welche Laufzeit hatte die Schnecke, die die Bronzemedaille gewann?

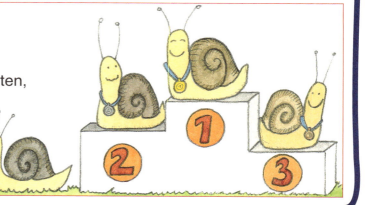

82   Klasse 4: ISBN 978-3-619-45036-7, Seite 57

*Die Beilage können Sie kostenlos downloaden unter: www.mildenberger-verlag.de/spannende-matheabenteuer

Knobeln mit Streichhölzern

① Annika hat in der Schule die ersten zwölf römischen Zahlen kennen gelernt. Links hat sie die Zahlen von 1 bis 6 und rechts die von 7 bis 12 aufgeschrieben. Zwischen die beiden Zahlenreihen hat sie aus Streichhölzern eine „römische Rechnung" geschrieben, die falsch ist, weil „6 + 2 = 5" nicht stimmt.

Annika sagt zu ihrem Bruder Hendrik: „Lege eines dieser elf Streichhölzer so um, dass eine richtige „römische Rechnung" entsteht. Wie kann Hendrik diese Aufgabe lösen?

② Auch diese „römische Rechnung" von Annika ist falsch, weil 6 plus 3 nicht gleich 7 ist.

$$VI + III = VII$$

Welches Streichholz muss umgelegt werden, damit eine richtige „römische Rechnung" entsteht?

③ Schließlich ist auch noch diese „römische Rechnung" von Annika falsch, weil 6 plus 4 nicht gleich 9 ist.

$$VI + IV = IX$$

Welches Streichholz muss weggenommen werden, damit eine richtige „römische Rechnung" entsteht?

Klasse 4: ISBN 978-3-619-01520-7, Seite 28 und 29

Verschiedene Aufgaben zum Knobeln

① Wie viele andere Bretter berührt jedes der Bretter A bis F?

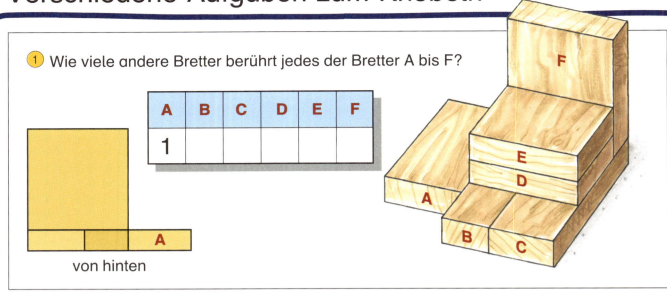

A	B	C	D	E	F
1					

von hinten

Zahlenfolgen

② 5 000, 4 900, 4 950, 4 850, 4 900 … bis 4 650

③ 1, 15, 4, 30, 9, 60, 16 … bis 64

④ 99, 30, 88, 120, 77, 480 … bis 22

⑤ 100, 100, 200, 300, 500 … bis 61 000

⑥ 2 000, 12, 1 750, 24, 1 500, 36 … bis 250

⑦ 65, 1, 60, 3, 55, 6, 50, 10 … bis 30

⑧ 3 000, 2 900, 2 801, 2 703, 2 606 … bis 1 691

⑨ 200, 70, 210, 63, 230, 56, 260 … bis 480

⑩ Erfinde weitere Zahlenfolgen.

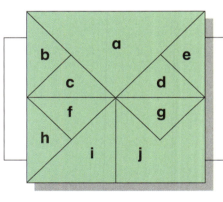

⑪ Welche Dreiecke siehst du? Schreibe so auf:
   a; **b**; **c**; **b** und **c** (zusammen) …

⑫ Welche Quadrate siehst du? Schreibe so auf:
   c und **f**; **f, h** und **i**; …

⑬ Matthias kauft am Kiosk für 2,16 € Lutscher. Auf dem Nachhauseweg entdeckt er im Schaufenster eines Geschäftes die gleichen Lutscher, die hier 1 Cent weniger kosten als am Kiosk.
Verärgert stellt er fest: „Hätte ich die Lutscher hier gekauft, hätte ich 3 Lutscher mehr bekommen."
Wie viele Lutscher hatte Matthias am Kiosk gekauft?

⑭ Maria und Alex vergleichen den Inhalt ihrer Geldbeutel.
Maria sagt: „Gibst du mir 1 €, dann haben wir gleich viel."
Alex entgegnet: „Gibst du mir 1 €, dann habe ich doppelt so viel wie du."
Wie viel Geld hat Maria, wie viel Alex?

⑮ Eine Schnecke will eine 1,50 m hohe Mauer überqueren. Jeden Tag klettert sie 55 cm hoch und in der Nacht rutscht sie 30 cm ab.
Wie hoch ist die Schnecke nach 3 Tagen und 3 Nächten?
Am wievielten Tag erreicht sie die Oberkante der Mauer?

So alt ist die Familie

① Vater, Mutter und Kind sind zusammen 96 Jahre alt. Der Vater ist viermal so alt wie das Kind. Die Mutter ist dreimal so alt wie das Kind.

Wie alt sind die Eltern, wie alt ist das Kind?

② Jochen sagt: „Mein Vater ist 42 Jahre alt. Er ist zwei Jahre älter als meine Mutter. Sie ist doppelt so alt wie mein Bruder Uwe und ich zusammen. Ich bin zwei Jahre jünger als mein Bruder."

Wie alt sind die Brüder, wie alt die Mutter?

③ Ein Vater und sein Sohn sind zusammen 63 Jahre alt. Der Vater ist achtmal so alt wie sein Sohn.

Wie alt ist der Vater, wie alt der Sohn?

Mathetigers Kopfgymnastik

① Für die Kirschernte bei Bauer Jochum brauchen 9 Helfer 5 Tage lang. In diesem Jahr findet Herr Jochum nur 5 Helfer. Wie lange dauert die Ernte?

② Bei einer Fahrt auf der Autobahn entdeckt Jonas, dass auf dem Kilometerzähler die ANNA-Zahl 15951 steht. (Eine ANNA-Zahl ist eine Zahl, die von vorne und von hinten gelesen gleich ist.) Mit welcher Durchschnittsgeschwindigkeit muss Jonas Mutter fahren, um nach genau einer Stunde die nächste ANNA-Zahl auf dem Kilometerzähler zu haben?

③ Mit diesen beiden Sanduhren kann man genau 8 Minuten ablesen. Wie geht das?

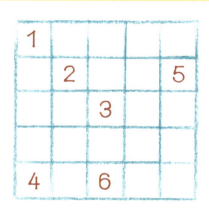

④ In dem Quadrat soll ein Weg von 1 über 2, 3, 4, 5 nach 6 eingezeichnet werden. Die Strecken dürfen nur senkrecht oder waagerecht eingezeichnet werden. Der Weg muss durch alle Felder führen. Dabei darf jedoch jedes Feld nur einmal durchquert werden.

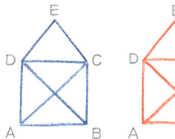 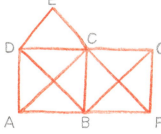 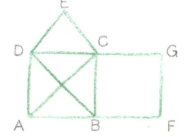

⑤ Welche der drei Gebäude kann man zeichnen, ohne den Stift abzusetzen und ohne eine Linie doppelt zu ziehen? Schreibe deine Wege auf.

Knobeln mit Zahlen und Gleichungen

Zahlenfolgen

① | 7 | 7 | 14 | 14 | 28 | 28 | | | | 224 |

② | 100 | 6 | 95 | 10 | 90 | 14 | 85 | | | | 26 |

③ | 8 | 24 | 10 | 30 | 16 | 48 | 34 | | | 750 |

④ | 20 | 10 | 40 | 20 | 80 | 40 | | | | 320 |

Gleichungen

⑤
7 · ▨ = 37 − 9
5 · ▨ = 50 − 15
4 · ▨ = 62 − 30
9 · ▨ = 72 − 36

⑥
139 + ▨ − 20 = 108 + 42
604 − 53 = 216 − 10 + ▨
▨ + 37 = 164 + 36
115 − 60 + ▨ = 750 − 380

⑦
8 · ▨ = 31 + 9
3 · ▨ = 19 + 8
6 · ▨ = 26 + 10
2 · ▨ = 14 + 2

● + oder ● − oder ● · ?
Setze passende Zahlen ein.

⑧
	55	47	33
	78		
45			18
		14	0
	45	37	

⑨
	21	70	49
	15	50	
	9		
			63
	18	60	

⑩
	30		46
		35	
	84		100
		0	30
77			107

Gleiche Form bedeutet gleiche Zahl.

⑪
▨ · 3 = ● + ●
▨ − ▨ = ▲ : ▨
● + ● + ● = 36

⑫
▲ · ▲ = ▨
▲ + ● = ▨
▨ − 9 = 81

Mit Kopfrechnen den Lösungssatz finden

A	C	E	H	I	K	L	M	N	O	S	T	W	Z
0	1	5	9	28	36	42	54	56	63	72	79	81	100

87 + 13 = 100 Z
9 · 9 = 81 W
35 : 7 =
4 · 7 =
8 · 9 =
6 : 6 =
36 : 4 =
77 + 4 =
45 : 9 =
48 − 20 =
8 · 7 =

1 · 1 =
81 : 9 =
25 : 5 =
64 − 8 =
4 · 9 =
6 · 7 =
0 : 8 =
9 · 8 =
67 + 5 =
38 − 33 =

6 · 9 =
47 − 47 =
63 + 9 =
9 · 4 =
9 · 7 =
83 − 4 =
32 + 47 =
10 : 10 =
27 : 3 =
96 − 91 =
7 · 8 =

Wir Z W □ □ □□□□□□□□□□□ sind in der

dritten □□□□□ eure □□□□□□□□□□□ .

Mit Kopfrechnen den Lösungssatz finden

Finde den Lösungssatz.

A	B	D	E	G	H	I	L	N	O	R	S	T	U
18	36	54	30	49	64	32	45	42	56	24	48	60	21

① 9 · 6 = _____
② 6 · 3 = _____
③ 8 · 6 = _____
④ 4 · 9 = _____
⑤ 3 · 8 = _____
⑥ 2 · 9 = _____
⑦ 6 · 7 = _____
⑧ 6 · 9 = _____

⑨ _____ : 5 = 6
⑩ _____ : 6 = 7
⑪ _____ : 4 = 9
⑫ _____ : 7 = 3
⑬ _____ : 4 = 6
⑭ _____ : 7 = 7
⑮ _____ : 2 = 15
⑯ _____ : 3 = 8

⑰ 27 + 33 = _____
⑱ 28 + 28 = _____
⑲ 11 + 13 = _____
⑳ 23 + 25 = _____
㉑ 31 + 29 = _____
㉒ 16 + 14 = _____
㉓ 49 + 15 = _____
㉔ 25 + 35 = _____

㉕ 94 − 62 = _____
㉖ 83 − 41 = _____
㉗ 74 − 38 = _____
㉘ 69 − 39 = _____
㉙ 43 − 19 = _____
㉚ 81 − 36 = _____
㉛ 97 − 65 = _____
㉜ 68 − 26 = _____

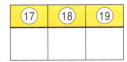

Klasse 3: ISBN 978-3-619-35366-8, Seite 17

Kopfrechnen mit Tieren

B	D	E	G	H	I	J	L	M	N	O	R	S	T	U	V	Ä	Ü
0	4	7	9	26	28	35	49	54	59	62	63	64	72	81	83	95	99

75 − 13 =
84 · 0 =
21 : 3 =
43 + 16 =
8 · 8 =
42 − 14 =
28 : 4 =
80 − 54 =
39 + 25 =
9 · 8 =
24 : 6 =

9 · 9 =
97 − 14 =
4 · 7 =
42 : 6 =
9 · 7 =
19 + 16 =
81 · 1 =
59 − 0 =
45 : 5 =
49 : 7 =
9 · 6 =
48 + 51 =

66 − 7 =
10 + 54 =
8 · 9 =
56 : 8 =
7 · 9 =
7 · 7 =
78 + 17 =
99 − 40 =
32 : 8 =
63 : 9 =
0 + 63 =

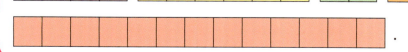

Kopfrechnen mit Wahrzeichen

Finde den Lösungssatz.

A	C	D	E	F	H	I	M	N	O	P	R	S	T	U	W
8	50	4	60	7	40	5	90	6	20	3	70	2	30	9	80

① 18 + 62 = _____
② 240 : 30 = _____
③ 144 − 74 = _____
④ 100 : 50 = _____
⑤ 5 · 6 = _____
⑥ 280 : 70 = _____
⑦ 48 − 39 = _____
⑧ 301 − 299 = _____

⑨ 150 : 3 = _____
⑩ 8 · 5 = _____
⑪ 175 − 155 = _____
⑫ 48 : 8 = _____
⑬ 394 − 386 = _____
⑭ 63 : 7 = _____
⑮ 805 − 798 = _____
⑯ 200 : 50 = _____

⑰ 4 · 15 = _____
⑱ 540 : 6 = _____
⑲ 501 − 498 = _____
⑳ 350 : 5 = _____
㉑ 640 : 80 = _____
㉒ 15 · 2 = _____
㉓ 420 : 7 = _____
㉔ 22 + 48 = _____

㉕ 904 − 899 = _____
㉖ 360 : 60 = _____
㉗ 560 : 7 = _____
㉘ 1 · 5 = _____
㉙ 632 − 572 = _____
㉚ 18 : 3 = _____

Klasse 3: ISBN 978-3-619-35366-8, Seite 68

Kopfrechnen mit Tieren

A	C	D	E	G	H	I	L	M	N	O	R	S	T	W	Y	Z
0	1	7	8	13	27	36	75	112	126	144	180	240	280	309	320	400

3 · 103 = 309 W   2 · 18 =   8 · 18 =

4 · 9 =   6 · 40 =   93 − 18 =

9 · 20 =   8 · 40 =   35 : 5 =

8 · 30 =   6 · 30 =   27 : 1 =

94 − 58 =   6 · 6 =   0 : 76 =

7 · 18 =   4 · 60 =   7 · 16 =

56 : 8 =   37 : 37 =   24 · 10 =

40 · 10 =   72 − 45 =   7 · 40 =

309 · 1 =   48 : 6 =   56 : 7 =

81 − 73 =   130 : 10 =   180 + 0 =

Kopfrechnen mit Erfindern

Finde den Lösungssatz. Trage beim 📕 die Lösungszahl ein.

A	C	K	O	J	T	R	N	F	H	E	U	D	B	G	S
60	90	120	140	180	225	230	240	320	350	360	420	480	540	600	1 000

① 6 · 30 = _____
② 280 : 2 = _____
③ 298 + 52 = _____
④ 15 · 4 = _____
⑤ 326 − 86 = _____
⑥ 80 · 3 = _____
⑦ 197 + 163 = _____
⑧ 250 · 4 = _____
⑨ 15 · 40 = _____

⑩ 60 · 7 = _____
⑪ 45 · 5 = _____
⑫ 602 − 242 = _____
⑬ 188 + 52 = _____
⑭ 6 · 90 = _____
⑮ 120 · 3 = _____
⑯ 613 − 383 = _____
⑰ 5 · 120 = _____
⑱ 261 + 99 = _____

⑲ 329 − 99 = _____
⑳ 960 : 3 = _____
㉑ 12 · 5 = _____
㉒ 40 · 6 = _____
㉓ 97 + 383 = _____
📕 2 000 − 550 = _____
㉔ 60 · 8 = _____
㉕ 180 · 2 = _____
㉖ 480 : 2 = _____

㉗ 999 − 459 = _____
㉘ 105 · 4 = _____
㉙ 720 : 8 = _____
㉚ 5 · 70 = _____
㉛ 244 + 236 = _____
㉜ 690 : 3 = _____
㉝ 140 · 3 = _____
㉞ 6 · 15 = _____
㉟ 360 : 3 = _____

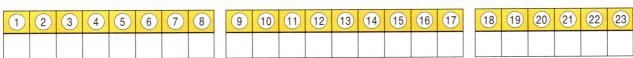

im Jahre

Kopfrechnen mit Tieren

A	B	C	E	G	H	I	K	L	N	O	R	S	T	U
0	1	2	3	4	17	23	34	57	72	85	96	105	112	117

360 : 90 =   4 · 18 =   210 : 70 =

6 · 16 =   230 : 10 =   720 : 10 =

5 · 17 =   36 + 36 =   75 : 75 =

7 · 15 =   180 : 90 =   180 : 60 =

58 + 47 =   73 − 56 =   9 · 13 =

270 : 90 =   240 : 80 =   8 · 14 =

68 + 28 =   91 − 19 =   3 · 19 =

2 · 17 =   12 · 6 =   92 − 89 =

0 : 124 =   43 · 0 =   146 − 50 =

36 + 69 =

Mein Name ist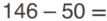

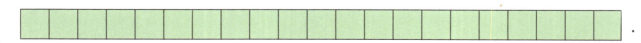

Kopfrechnen mit Erfindern

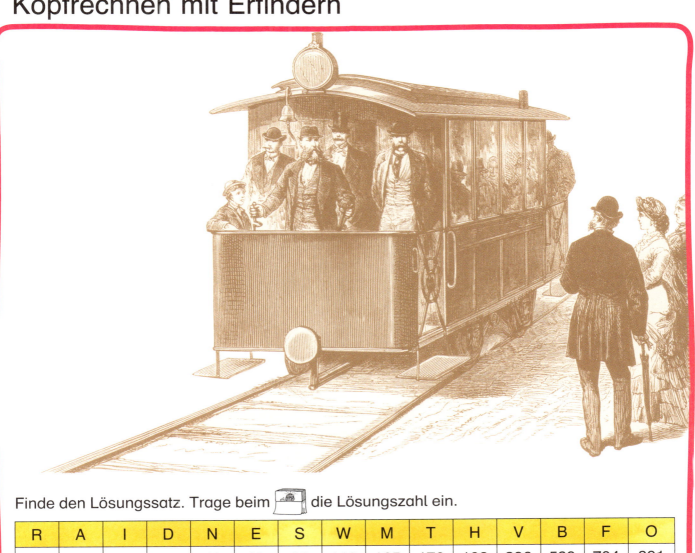

Finde den Lösungssatz. Trage beim 🚂 die Lösungszahl ein.

R	A	I	D	N	E	S	W	M	T	H	V	B	F	O
4	5	6	8	40	60	80	110	165	176	198	396	539	704	891

① 3 200 : 400 = ___
② 301 − 295 = ___
③ 1 800 : 30 = ___
④ 16 · 5 = ___
⑤ 4 · 44 = ___
⑥ 480 : 120 = ___
⑦ 3 000 : 600 = ___
⑧ 632 − 552 = ___
⑨ 24 000 : 300 = ___
⑩ 3 010 − 2 950 = ___

⑪ 440 : 11 = ___
⑫ 7 · 77 = ___
⑬ 4 000 : 800 = ___
⑭ 6 · 33 = ___
⑮ 160 : 4 = ___
⑯ 6 000 : 100 = ___
⑰ 500 : 125 = ___
⑱ 8 · 88 = ___
⑲ 550 : 110 = ___
⑳ 9 741 − 9 701 = ___

㉑ 5 600 : 700 = ___
🚂 209 · 9 = ___
㉒ 5 · 22 = ___
㉓ 1 200 : 20 = ___
㉔ 2 400 : 600 = ___
㉕ 600 : 15 = ___
㉖ 12 · 5 = ___
㉗ 280 : 70 = ___
㉘ 6 · 66 = ___
㉙ 9 · 99 = ___

㉚ 28 000 : 700 = ___
㉛ 37 + 43 = ___
㉜ 4 800 : 800 = ___
㉝ 480 : 8 = ___
㉞ 3 · 55 = ___
㉟ 713 − 653 = ___
㊱ 440 : 11 = ___
㊲ 8 800 : 110 = ___

im Jahre

Kopfrechnen mit Tieren

A	B	C	D	E	H	I	K	L	M	N	O	P	S	T
0	1	2	3	4	6	9	12	13	16	98	117	280	720	900

92 − 86 =   96 : 16 =   60 : 5 =
99 − 99 =   304 − 295 =   13 · 9 =
80 · 9 =   65 : 5 =   56 : 56 =
90 · 10 =   703 − 694 =   146 − 29 =
720 · 1 =   140 · 2 =   78 : 6 =
160 : 80 =   217 + 63 =   57 : 19 =
90 : 15 =   270 : 30 =   128 : 8 =
9 · 13 =   133 − 35 =   173 · 0 =
14 · 7 =   56 : 14 =   100 − 88 =
70 · 4 =   150 − 52 =   153 : 17 =

☐☐☐☐ du ☐☐☐☐ einmal einen

☐☐☐☐☐☐☐☐☐☐☐☐☐☐☐☐☐☐☐☐☐ gesehen?